주식투자
이렇게 쉬웠어?

이 책을 소중한

_____님에게 선물합니다.

_____ 드림

월급도 받고 투자 수익도 챙기는 슈퍼 직장인이 되는 법

주식투자
이렇게
쉬웠어?

김이슬 지음 · 김도사 기획

위닝북스

주식투자로
부의 추월차선에 올라타라!

스물다섯 살, 나는 꿈꾸던 은행원이 되었다. 매일 사람들의 돈을 저축해 주는 일을 했다. 사람들의 돈을 만지며 나는 왜 한평생 열심히 저축을 하며 산 사람들이 부자가 되지 않는지 궁금했다. 내가 본 고객들은 삶의 대부분의 시간에 노동을 하고, 그 돈을 아껴서 저축하는 사람들이었다. 아플 때도 쉬지 못하고 일해 번 돈으로 저축을 하는데도 다람쥐 쳇바퀴 돌듯 사는 99%의 사람들을 보며 두려웠다. 나도 이대로라면 분명히 가난한 근로자의 삶을 살 것 같았다. 계속 제자리걸음인 것 같아 희망이 없어 보였다.

행복하기 위해 내가 선택한 방법은 주식투자다. 나는 투자를 시작하고 온갖 주식 책을 읽고 강의를 들으며 주식공부를 했다. 그래서 가치투자, 기술적 투자에 의존하며 현물, 선물, 옵션, 파생까지 모두 도전해 보았다. 누구에게나 처음은 있다. 나도 처음에는 대박을 꿈꾸며 주식이라는 허황된 꿈을 좇았다. 그래서 개인 투자자라면 누구나 겪는 손실의 아픔을 겪었다. 시련이 찾아온 그 시간 동안 내가 계속 원했던 것은 주식으로 꾸준히 안정적인 수익을 내는 방법을 갖는 것이었다.

지금 내가 하고 있는 투자법은 ETF를 활용한 지수투자다. 코스피 지수를 추종하며 시장의 수익을 얻을 수 있는 지수투자는 기존 펀드보다 매매가 쉽다. 주식 창에서 거래가 되기 때문이다. 또한 200여 개의 기업을 포함하고 있어 개인 투자자는 가장 완벽하게 분산투자를 할 수 있다. 그리고 가장 중요한 것은 '비용'이 낮다는 것이다. 운용수수료가 낮고, 증권거래세가 면제된다. 그런 만큼 실질 수익률을 높일 수 있다.

지수투자가 무엇보다 좋은 것은 직장에 다니며 불안해하지 않고 확신을 갖고 투자할 수 있다는 것이다. 그래야만 이 불안정한 주식시장에서 흔들리지 않고 나만의 원칙을 지킬 수 있다. 주식으로 수익을 내는 방법을 알고 있는 여러 부자들이 많지만 모두 다 똑같은 원칙을 갖고 있지는 않다. 다만 내가 직장에 다니며 주식을 해 보니 ETF 투자만큼 매력적인 주식투자는 없었다.

나는 여러 방법을 통해 ETF 지수투자법을 알리고 있다. 우리는 한 시간이 소중한 바쁜 직장인이다. 그런 만큼 내가 열심히 시간을 바쳐 번 소중한 돈을 더 큰 자본으로 굴릴 수 있다. 매 시간을 효율적으로 사용해야 하는 우리는 경제의 가장 큰 맥을 공부하고, 완벽히 분산되어 있는 지수투자로 승부를 봐야 한다.

지금도 여전히 많은 개인 투자자들이 가치투자 방법을 연구하고, 기술적 투자에 의존하고 있다. 그렇게 시장과 싸워 이겨 보려고 하지만 돌아오는 것은 결국 원점이거나 손실이다. 사람이기 때문에 끊임없이 망각하고, 탐욕과 공포를 이기지 못한다. 거대 자본이 큰 영향을 주며 움직이는 주식시장도 예상치 못한 변수에 계속 흔들린다. 주식도 살아 있는 생물과 같다. 그래서 살아 내려고, 긍정적으로 변화하려고 한다. 그것은 사람들이 움직이는 시장이기 때문이다. 사람들의 심리가 담겨 있을 수밖에 없다. 그런 만큼 우리는 주식투자를 통해 부의 추월차선을 탈 수 있다.

이 책은 내가 직장에 다니며 처음 주식투자를 하면서부터 치열하게 공부하고 깨달은 경험을 모두 담고 있다. 책은 총 5장으로 구성되어 있다. 1장에서는 주식투자를 시작하고 직장에 다니며 어떻게 공부하고 투자했는지 경험을 이야기한다. 2장에서는 수많은 방법 중에 직장인에게 가장 적합한 주식투자는 ETF라는 것을 알려준다. 그리고 3장과 4장에서는 주식투자에서 꼭 지켜야 할 원칙과 기술을 설명하고 있다. 마지막 장에서는 지금 직장에 안주하지 말고 반드시 주식투자로 자본소득을 영위해야 함을 강조했다.

우리는 반드시 자본주의를 이해해야 한다. 자본주의 사회에서는 자본가만이 부자가 될 수 있다. 직장에 다니는 평범한 사람이 자본을 영위하는 방법으로는 주식투자가 가장 적합하다. 올바른 방법으로 주식투자를 하면 우리가 두려워 피하기만 하던 수많은 기회를 잡을 수 있다.

주식공부는 금융공부이고, 돈에 대한 태도를 바꾸는 공부다. 나는 노동으로만 소득을 영위해야 한다는 가난한 마인드 대신 부자 마인드를 갖추고 주식투자를 시작하길 바라는 마음으로 원고를 썼다.

마지막으로, 이 책이 나올 수 있도록 전적으로 도와주신 〈한국책쓰기1인창업코칭협회〉의 김태광 대표 코치님과 힘든 순간마다 동기부여를 해 주신 〈위닝북스〉의 권동희 대표님께 감사드린다. 그리고 나의 가장 든든한 지원군인 사랑하는 남편과 부모님, 시부모님께 감사한 마음을 보낸다.

2019년 4월
김이슬

PART 1

직장인에게
최고의 재테크는 주식이다

PART 2

월급쟁이가 부자 되는
주식은 따로 있다

PART 3

평생 연봉 만드는
주식투자 7단계 원칙

PART 4

불확실한 시대, 주식투자에서
살아남을 8가지 기술

PART 5

나는 주식투자로
매달 월급을 한 번 더 받는다

직장인에게 최고의 재테크는 주식이다

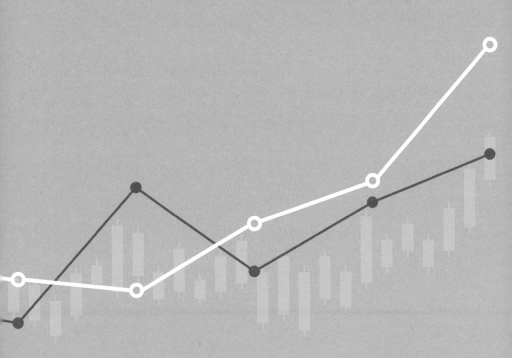

01

직장인에게
최고의 재테크는 주식이다

나는 새벽 6시 반에 출근해 밤 11시가 되어야 집에 돌아왔다. 그런 회사생활에 모든 시간을 잃은 기분이었다. 1년 중 단 3일만 여름휴가로 사용할 수 있었다. 연차도 쓸 수 없는 기업문화에 지치고 몸도 병들었다.

직장생활이 나에게 가르쳐 준 것은 자신을 죽이고 튀지 않게 무리에 섞여 있는 방법이었다. 그것은 끊임없이 나를 힘들게 했다. 영혼이 고갈되는 느낌이었다. 그렇게 정년까지 다녀야 한다고 생각하니 끔찍했다. 그러던 중 직장 일로 힘들어하던 학교 선배가 "주식으로 '10억'을 벌겠다. 그리고 나면 회사를 미련 없이 떠나겠다."라고 말했다. 그 말에 나는 큰돈을 벌 수 있는 방법이 주식이구나 생각하고 주식투자를 시작했다.

내가 창구에서 하는 일은 주로 예금하러 오는 고객들의 돈을 저축해 주는 것이다. 2014년 내가 금융권에 취업한 이후로 금리는 계속 낮아졌다. 나이가 지긋한 고객들은 "나는 이자로 먹고사는데 금리가 자꾸 낮아지니 힘들다."라고 하소연했다. 그 말을 들으며 마음도 아프고 내 미래도 암담해 보여 한숨만 나왔다. 모아 놓은 자산이 예금뿐이라면, 줄어드는 통장 잔고를 보며 걱정 가득한 노년생활을 보낼 것이기 때문이었다.

가장 두려웠던 것은 이 회사에 정년까지 다녀야 한다는 것이었다. 내가 입사할 당시 초봉이 4,000만 원이었다. 가족들과 친구들은 그만한 회사가 어디 있냐며 나를 다독였다. 하지만 이대로라면 뭐든지 참고 일해야 하는 노동자라는 사실은 평생 달라지지 않을 것이었다. 직장에서 더 많은 월급을 받을수록 세금도 늘어난다. 국가 살림에 보탬이 되며, 회사에는 충실한 노동자로서 살게 되는 것이다. 그러나 내가 꿈꾸는 삶은 포기해야 한다. 가족들과의 오붓한 저녁식사, 한 달간의 유럽여행, 눈치 보지 않고 머리 염색하기, 만나고 싶을 때 친구들 만나기 등 회사에 얽매여 있으면 마음대로 하지 못하는 것투성이다. 나는 내 삶을 되찾고 싶었다.

만약 회사 사람들이 이 책을 본다면 깜짝 놀랄 것이다. 회사에서 나는 누구보다 에너지가 넘치고, 다양한 업무에 참여하고 있다. 겉으로만 본다면 나는 회사를 위해 뭐든지 할 것 같은 사람이기 때문이다. 직장에서 나의 능력을 발휘하고 사람들의 인정을 받는 것은 정말 기분 좋은 일이다. 하지만 승진하고 월급이 올라간다 한들 정년퇴직 후 내 삶을 회사가 책임져 주진 않는다. 직장은 미래에 대한 어떠한 보장도 해 주지 않는다. 지금 당장 입에 풀칠하자고 하루 14시간 이상을 직장에 바치는 건 바보 같다는 생각이 들었다.

1973년 이후 실질 근로소득은 계속 제자리다. 하지만 자본소득은 폭발적으로 증가해 왔다. 지속적인 혁신과 경제 성장에 따른 부의 과실이 모두 노동자가 아닌 자본가에게 간 것이다. 자본소득과 근로소득의 그래프를 보면 자본주의 사회의 현실이 명백히 이해될 것이다. 그런데도 아직 노동으로만 돈을 벌려고 한다면 평생 근면 성실하지만 가난한 근로자로 살게 될 것이다.

아무리 부정하고 싶어도 자본주의의 현실에서 당신은 전기를 만들어 내는 자전거를 탄 사람과 같다. 이런 사람들은 페달을 계속 밟지 않으면 전기가 생기지 않는다. 하지만 발전기를 가진 자본가들은 알아서 돌아가게 기계만 켜 두고 자신의 인생을 즐긴다. 그동안 우리는 열심히 전기를 축적해 하루 또는 한 달을 살아간다. 월급이 많고 적고는 상관없다. 얼마나 좋은 자전거를 가졌느냐 하는 것은 무의미하기 때문이다.

신입시절 나는 현실을 빨리 깨달았다. 하루라도 빨리 자본가가 되고 싶었다. 그리고 주식을 시작하는 것은 정말 쉬웠다. 자금은 월급통장에 300만 원 정도 있었다. 주식은 적은 자본으로도 충분히 시작할 수 있었다. 그리고 증권 계좌는 어플로 개설했다. 처음에는 계좌 개설을 어떻게 해야 할지 고민했다. 평일에 증권사를 가야만 계좌를 만들 수 있다고 생각했기 때문이다. 하지만 지금 이 시대는 모바일로 모든 것이 가능한 시대가 아닌가. 그런 만큼 어플로 계좌를 만들 수 있었다. 지금도 주식거래는 모바일 증권사 어플인 MTS를 활용한다. 직장인에게는 정말 최고의 투자 기회가 주어진 셈이다. 전업 투자자가 아니라면, 증권사 매매 프로그램을 언제 어디서든 켜서 실시간으로 거래한다는 것이 쉬운 일은 아니기 때문이다.

주식거래를 처음 시작하는 투자자들은 하나부터 열까지 어려움에 부닥친다. 쉼 없이 움직이는 숫자들을 보며 어떻게 주식을 구매해야 할지 모른다. 가장 중요하게는 어떤 주식을 사야 할지, 언제 사야 할지도 모른다. 그리고 우리가 수도 없이 들어 왔던, '주식은 도박이다!'라는 이 한마디가 우리를 망설이게 만든다.

여기서 우리는 누군가에게 들었던 실패 경험이 아닌, 객관적인 수치를 봐야 한다. 2017년 보스턴컨설팅그룹 부의 보고서에는 세계 가계 금융자산의 규모가 나온다. 금융자산에서 43%가 주식, 17%가 채권, 39%가 현금과 예금이다. 심지어 북미는 70%가 주식이다. 전 세계 GDP의 49%가 생산에 의해 창출된 부라면, 51%는 금융에서 파생된 부다. 그럼에도 불구하고 우리나라의 국민들은 부의 창출을 위해서는 오로지 노동에만 전념해야 한다고 교육받는다. 학교에서도 가정에서도 말이다. 이 말에 반기를 드는 사람들이 이상한 사람으로 여겨지는 것이 정말 당연시되는 사회 분위기다. 하지만 우리 주변의 부자 중에서 직장인을 찾기란 쉽지 않다.

안타까운 것은 주식을 룰렛 돌리기처럼 하는 사람들이 많다는 것이다. 한 방에 큰 부를 원하기 때문이다. 주식이라는 것이 마치 로또처럼 잘만 하면 터질 것 같아서다. 그러니 전 재산을 날린 개인 투자자들이 무성하다. 그러다 보니 안정적인 것만 추구해 오던 직장인들은 쉽게 주식투자에 마음을 열지 못하는 것이다. 우리는 모두 도전보다 안정을 택했기 때문에 직장인이 된 것이 아닌가.

주식투자를 시작한 이후 나에겐 꿈이 생겼다. 전 세계에 강의를 다니는 것이다. 그리고 숲이 보이는 전원주택에서 부모님을 모시고 살 것이다. 내가 꿈꾸는 모든 것은 생각보다 빠르게 이루어질 것이다. 왜냐하면 내가 직장에서 죽어라 일하는 시간에 나의 자본도 나를 위해 일해 주고 있기 때문이다. 평범하게 월급만 받는 직장인이었을 때는, 이런 꿈은 이루기 어려울 것이라 생각하며 쉽게 단념했었다.

하지만 나는 직장 동료들보다 나의 미래가 더 밝을 것이라고 확신한다. 나의 월급이 주식투자를 위한 총알로 쓰이고 있기 때문이다. 월급을 받으면 꾸준히 주식을 사거나, 주식을 사기 위한 자금으로 모은다. 결혼하기 전 자금을 모으는 데 큰 어려움은 없었다. 부모님과 같이 살아서 생활비도 거의 들지 않았다. 그리고 유니폼을 입는 직업인지라 옷도 많이 살 필요가 없었다. 특별히 어딘가에 아꼈다기보다는 내 관심사가 주식이었을 뿐이었다. 그래서 월급과 모은 돈의 대부분을 주식투자와 자기계발 자금으로 썼다.

결혼 후에도 남편은 나에게 경제권을 주었다. 내가 은행에 다니고 있으니 돈을 관리하기가 편할 거라고 생각한 것 같다. 그리고 이전부터 주식으로 꾸준히 수익을 내는 것을 봐 왔기 때문에 믿고 나에게 맡겨 준 것이다. 이제는 남편의 회사 동료들이 나에게 어떤 주식을 사야 하냐고 주기적으로 정보를 물어 온다.

직장인일수록 주식투자를 꼭 해야 한다. 직장을 다니면서도 충분히 주식으로 수입 파이프라인을 만들 수 있기 때문이다. 갑작스러운 퇴사나 질병으로 인해 회사에서 월급을 받지 못하는 경우를 생각해 보라. 오로지 나의 노동에만 의지한 소득은 큰 불행으로 다가올 수 있다. 주식이 위험한 것이 아니다. 월급에만 의존하는 지금의 생활이 더 위험한 것이다. 두려움 뒤에 숨겨진 진실을 마주하려면 두려움에 맞설 용기가 필요하다. '정말 돈을 잃지 않고 수익을 낼 수 있을까?' 이런 의심은 버리자. 주식이라는 자산을 이용해 반드시 부의 추월차선에 타겠다고 다짐하라. 지금 증권사 어플을 깔고 당신의 증권 계좌를 만들어 보라.

02

내 삶을 바꾼
주식공부

지하철을 타면 모든 사람들이 스마트폰을 보고 있다. 대부분의 사람들은 카카오톡을 하거나 동영상, 웹툰, 인터넷을 보거나 게임을 한다. 취업포털 잡코리아에 따르면 직장인의 일평균 출퇴근 소요시간은 101분이라고 한다. 한 달에 약 32시간을 출퇴근시간으로 보내는 것이다. 이 시간을 활용해 영어공부를 하거나 독서를 하는 직장인들도 많을 것이다.

나는 이 시간에 경제 뉴스를 읽는다. 오늘은 또 어떤 뉴스가 떴을지 기대된다. 그래서 포털사이트 어플을 켜는 그 순간이 참 설렌다. 그중에서도 네이버 뉴스를 가장 먼저 본다. 사이트 중간의 네이버 AIRS(인공지능 기반 추천 시스템)가 내가 읽고 싶은 뉴스를 잘 나타내 주기 때문이다. AIRS로 굳이 내 관심사를 검색해 찾지 않아도 된다. 인공지능이 그동안 내가 봤던 기사와 이 기사를 검색한 사람들이 본 기사를 분석해 내 기호에 알맞게 추천해 주기 때문이다. 그날 가장 궁금했던 이슈가 항상 새로운 뉴스로 AIRS에 떠 있는 것이다.

그리고 바로 INVESING.COM 어플을 켠다. 인베스팅 어플은 세계 지수, 외환, 원자재, 채권, ETF 등 꼭 필요한 종목들을 실시간으로 조회할 수 있다. 나는 지수들의 등락을 보며 하루 사이 얼마만큼 변화가 있었는지 파악한다. 그리고 이벤트 칸도 굉장히 유용하다. 경제와 관련한 전 세계 주요 일정을 시간대별로 일목요연하게 보여 주기 때문이다. 이 이벤트를 상세보기 하면 분석가들의 영문 보고서가 번역되어 있는 경우가 많다. 정말 궁금하고 중요한 이슈들은 원문으로 들어가 영어공부도 할 겸 읽어 본다. 한글로만 읽다가 영어로 보면, 그것 또한 다른 억양으로 느껴질 때가 많다.

출퇴근시간에 눈을 감은 채 가고 싶을 때가 많다. 아직 잠에서 덜 깬 상태일 때는 눈을 좀 더 붙이고 싶다. 그럴 땐 이어폰을 끼고 NPR(National Public Radio, 미국공영방송) 뉴스 어플을 켠다. 그렇게 Play Hourly News를 들으며 미국에서 어떤 일들이 벌어지고 있는지 챙긴다. 회사 영업점에서는 하루 종일 YTN 뉴스를 틀어 놓는다. 때문에 우리나라 뉴스는 내가 굳이 찾아보지 않아도 자연스럽게 보게 된다. 하지만 한국 경제는 종속경제다. 우리나라의 시선으로 경제를 보면 전체적인 움직임이 보이지 않는다. 세계 경제를 움직이는 미국의 주요 이슈와 흐름을 먼저 보아야 상황이 어떻게 돌아가는지 알 수 있다.

NPR 뉴스는 미국의 공영 라디오 방송의 뉴스다. 중립적인 입장에서 아나운서들이 또렷한 발음으로 소식을 전해 준다. 내가 미국 회사의 인턴으로 있었을 때 사장인 토니가 추천해 준 방송이다. 토니는 나의 시야와 세상을 보는 눈을 바꿔 준 사람이다.

대학교 4학년 때 국가 프로그램에 지원해 미국으로 인턴십을 갔다. 나는 워싱턴의 인사이트 엔지니어링이라는 소규모 회사의 영업부서에서 일했다. 그 회사의 사장인 토니는 각 대학교에서 열리는 비즈니스 기회의 장이나 미국과 다른 국가 간의 중소기업 파트너십 장에 나를 회사의 영업부서 대표로 가도록 했다.

토니는 또한 미국의 3대 건축 회사인 터너(Turner)가 주관하는 건축 경영스쿨을 다니게 나를 지원해 주었다. 나는 그 기간 동안 정말 많은 경험을 했다. 회사 직원들이 직접 회계와 금융, 영업과 마케팅을 강의해 주었다. 나는 그곳에 온 사람들과 직접 네트워킹을 할 수 있었다. 그리고 비즈니스를 시작하려는 미국의 소기업들이 어떻게 자본 투자를 받는지 알게 되었다. 한국에서는 전혀 만나 볼 수 없는 각 분야의 사람들을 세미나에 참여하면서 만날 수 있었던 것이다.

토니는 내가 처음 만난 진짜 사업가였다. 어디서든 기회를 찾았고, 누구에게서든 배우려고 했다. 그리고 그런 배움의 기회를 인턴인 나에게도 제공해 주었다. 세상은 넓고 기회는 많다는 것을 알았다. 그리고 그 기회를 잡기 위해서는 끊임없이 배워야 한다는 걸 알았다.

미국에서의 경험은 한국에만 갇혀 있던 내 시선을 전 세계로 열어 주었다. 예전의 나였다면 할랄이 무엇인지도 몰랐을 것이고, 유대인이 어떤 민족인지 궁금하지도 않았을 것이다. 그리고 문화의 차이도 이해하지 못했을 것이다. 한국 경제가 왜 이렇게 돌아가는지 한국인의 시선으로만 생각했을 것이다. 달러라는 기축통화의 엄청난 이득이 무엇인지 몰랐다면 나는 알맹이 없는 겉핥기식 주식투자만 했을 것이다.

주식을 시작한 것은 미국에 다녀오고 한참 후다. 하지만 지금 생각해 보면 그곳에서 내가 겪은 경험이 내 투자 원칙의 뿌리 역할을 하고 있다. 당시 나는 마냥 신나하며 월스트리트의 황소 동상 앞에서 사진을 찍었다. 그러면서 '부자가 될 거야'라고 생각했었다. 하지만 스물세 살의 나는 주식을 한다는 것은 상상도 못했다. 주식은 위험하다는 생각이 머릿속에 박혀 있었을 때였으니 말이다.

내가 어릴 때부터 대기업 회사원인 아빠와 가정주부인 엄마는 주식에도, 부동산에도 관심이 없으셨다. 매달 들어오는 월급만으로도 안정적인 생활이 가능했기 때문이다. 아빠는 회사가 끝나면 축구를 하러 다니셨다. 주말이면 화분에 물을 주는 일에 정성을 쏟으셨다. 그리고 엄마는 아빠가 가져다주는 월급을 모두 가족을 위해 정성스런 음식을 준비하는 데 쓰셨다.

엄마를 따라 나가면 하루에 두 번에서 세 번 장을 보게 된다는 사실을 취업 준비생 시절 알게 되었다. 우리 집은 크게 사치를 부린 적이 없는 가정이었다. 하지만 아빠가 왜 엄마에게 돈을 맡겼더니 "통장에 돈이 한 푼도 없더라."라는 말을 했는지 이해되었다. 나는 그 덕분에 어린 시절부터 지금까지 먹고 싶은 것은 다 먹고 행복할 수 있었다.

뭐든지 믿어 주시고 사랑해 주시는 부모님께 내가 받은 것만큼 모자란 것 없이 해 드리고 싶었다. 그래서 안정적인 직장에 취업했다. 그리고 2년을 저축만 하며 다른 곳에는 눈 돌리지 않았다. 그것이 가장 빠른 길이라고 생각했다.

정년퇴직을 코앞에 두신 아빠는 항상 술을 드시면 얘기하신다. 나는 괜찮으니 너희 엄마 잘 챙겨 달라고. 하지만 나는 그 말이 가슴에 사무친다. 나에겐 두 분 다 소중하고 가장 큰 존재다. 그런데 벌써부터 나에게 짐이 되기 싫어하는 아빠의 말에서 말로 형용할 수 없는 가장의 책임감을 느낀다. 그동안 나는 아무 조건 없이 받은 것들을 너무 당연하게 생각해 온 것 같다. 나는 조용히 다짐했다. '우리 부모님께 이제는 내가 돌려드릴 때가 왔구나'라고.

회사를 가기 위해선 버스를 적게는 두 번 많으면 세 번을 갈아타야 했다. 1시간 20분 정도 걸려 출근했다. 그 시간에 나는 자기계발을 하기 위해 노력했다. 새벽에 출근해 밤늦게 들어오는 나에게 주어진 자투리 시간 중 가장 집중할 수 있는 시간은 출퇴근시간이 유일했다. 그 시간만이라도 온전히 나를 위해 사용하고 싶었다.

학생 때부터 나는 돈에 관한 책에 손이 먼저 갔다. 도서대출 기록을 보면 경제, 자기계발 분야가 가장 많았다. 그런 종류의 책이 재미있고, 내 가슴을 뛰게 했다. 그래서 나는 금융업이 나에게 맞는다고 생각하고 은행에 취업했다.

은행 창구에서 일하면 돈을 대하는 사람들의 사고방식을 관찰할 수 있다. 나는 부자인 사람들의 사고방식과 좀처럼 돈을 모으지 못하는 사람들의 사고방식을 알고 싶었다. 왜 똑같은 시대를 살아가는데 누군가는 여유로운 생활을 하고, 누군가는 쫓기는 삶을 살아야 하는지. 나는 책이 아닌, 내 삶의 주변에서 확인하고 싶었다. 그리고 하나 확실한 사실을 알아냈다. '돈 없어'라고 말하는 사람과 '돈은 언제든 구할 수 있지'라고 생각하는 사람의 인생은 백팔십도로 다르다는 사실을 말이다.

사람들은 대개 무엇을 선택할 때 '아, 이건 이 정도의 돈이 있어야 가능해'라고 자신도 모르게 빠르게 계산한다. 비용 대비 내가 얻을 수익을 계산하는 것이다. 하지만 돈이 없다고만 생각하는 사람들은 계속 기회를 날려 버린다. '나중에 돈이 생기면 해야지'라며 자신을 다독인다. 하지만 결국 돈을 버는 쪽은 자신에게 확신을 준 일을 하기 위해 돈을 어떻게든 끌어와 도전하는 쪽이다.

내가 주식투자를 시작할 때 나는 돈은 얼마든지 있다고 생각했다. 매달 들어오는 월급이 있었다. 그런데다 이미 내 통장에는 300만 원이나 있었기 때문이다. 그것으로도 충분히 나는 회사의 주주가 될 수 있었다. 그리고 한 나라의 지수를 가질 수도 있었다.

처음에는 어떻게 투자하면 좋을지 몰라서 샀던 주식을 빠른 시일 내에 팔았다. 오르면 기분이 좋아 팔았고, 떨어지면 무서워서 팔았다. 하지만 매일 출퇴근시간에 하는 주식공부는 나에게 잦은 매매가 아닌, 원칙을 가지고 투자하는 습관을 길러 주었다. 그리고 눈을 감고 싶을 때면 가만히 생생하게 부자가 된 나의 모습을 그려 보았다. 내 주식들이 끊임없이 불어나 나의 미래와 가족의 행복을 지켜 주는, 든든한 울타리가 되는 상상을 말이다. 회사에 가는 시간을 의미 없이 흘려보내지 말고 자신에게 투자하기를 바란다. 그것이 주식공부라면 당신을 부자의 길로 인도할 것이다.

03

바쁜 직장인을 위한
주식투자 방법

직장인들은 너무 바쁘다. 직장에 다니는 친구들과 한번 보려고 해도 약속 잡기가 쉽지 않다. 서로 다른 분야에서 일하고 있지만 현대사회의 직장인들은 모두가 바쁘다. 분명 옛날 회사보다 21세기의 회사의 시스템은 발전되었다. 자동화된 기계로 더 많은 일처리가 가능해졌다. 그리고 전자화된 보고 체계로 빠른 문서의 전달이 가능해졌다. 그런데 왜 사원인 우리는 아침부터 저녁까지 할 일들에 파묻혀 있는 걸까. 편해지고 빨라질수록 더 많은 일을 해야 하는 이 역설적인 상황은 무엇일까.

나는 아침 7시 반까지 출근한다. 영업 시작은 9시이지만 우리 회사의 불문율 같은 것이다. 8시에 도착하면 왜 늦었냐는 타박을 당연한 것처럼 들어야 한다. 지점이 문을 열기 전 8시까지 ATM기부터 객장까지 모두 청소한다. 그리고 8시부터 아침회의가 시작된다. 회의에 필요한 자료를 준비하고, 다과도 준비한다. 지점장님이 그날의 목표를 상기시켜 주시고 구호를 외치면서 회의가 끝난다. 그러고 나면 숨 돌릴 틈도 없이 업무일지를 쓴다. 그리고 9시가 되면 고객들이 영업점을 방문한다. 끊임없이 번호를 눌러 고객 응대를 하다 보면 나는 어느새 일하는 기계가 되어 있다.

점심은 한 명씩 교대로 먹어야 한다. 그런 만큼 바쁜 지점은 뒷사람을 위해 보통 30분에서 40분의 점심시간을 갖는다. 그래서 같이 일하는 직원들 중 위염이나 방광염을 하나씩 달고 있지 않은 직원은 없다. 제때 화장실을 가지 못하거나 점심을 급하게 먹는 경우가 다반사이기 때문이다. 4시 반에 영업점이 문을 닫으면 그때부터 새로운 사무직 일이 시작된다. 야근은 또 얼마나 잦은지. 그렇게 오로지 '열정'으로 쉼 없이 일하다 보면 내 시간을 모두 도둑맞은 기분이다.

이렇게 바쁜데 주식 매매는 언제 할 수 있을까. 주식시장이 열리는 정규 시간은 아침 9시에서 오후 3시 반까지다. 딱 열심히 일하고 있을 시간이다. 회사에서는 인터넷을 할 PC도 주지 않는다. 그런 만큼 그 시간에 주식 창을 수시로 열어 보는 것은 불가능하다. 사실 우리는 단타를 할 것이 아니기 때문에 수시로 창을 볼 필요는 없다. 고객을 응대해야 하는 직업이 아니라면, 지정가 알림을 해 두고 내가 지정한 가격이 왔을 때 매수하는 것도 좋은 방법이다. 하지만 나는 고객을 응대해야 하는 직장인인 만큼 그 방법도 자주 쓸 수 없었다.

주식매매를 위해 나에게 주어진 시간은 오직 점심시간과 화장실에 가는 시간뿐이었다. 하지만 그것으로도 충분하다. 나는 그날 주식을 사야겠다고 판단하면, 그날의 투자 금액을 3분의 1로 나누었다. 그리고 아침에 한 번, 점심시간에 한 번 그리고 장이 끝나기 전쯤에 한 번 매수했다. 바쁜 날에는 물론 점심시간에만 실시간 매수했다. 그 이후의 금액에는 지정가 매수를 걸어 두었다. 이렇게 하면 주식매매를 위해 시간을 거의 쓰지 않아도 된다.

전업 투자자가 아니라면 어차피 하루 종일 주식 창만 보고 있을 수는 없다. 그리고 나는 그럴 필요도 없다고 생각한다. 내 할 일 하면서 사고 싶은 주식은 언제든 살 수 있다. 그러려면 그날의 가장 싼 가격으로 주식을 사겠다는 욕심은 버려야 한다.

신도 주식시장의 단기 흐름은 알 수 없다. 내가 그 흐름을 잡을 수 있을 거라는 환상을 버려야 하는 이유다. 그렇게 단기 시세 차익만 보고 거래하려고 하면 들여야 하는 시간과 정신적인 소모가 너무 크다. 특히 이런 투자 방법은 직장인에게 맞지 않는다. 우리는 자본소득의 큰 흐름을 타고 가야 한다. 단기간의 변동에 일희일비할 필요가 없다.

나는 월급이 들어오면 우선 주식투자 자금을 따로 증권사 CMA 계좌로 이체한다. 그리고 투자금을 삼등분한다. 삼등분 매매법은 직장인에게 필수다. 나는 지수투자를 위주로 하기 때문에 종목은 이미 분산되어 있다. 그렇다면 기간을 분산해 사는 것에만 집중하면 된다. 그리고 현금 보유 비중을 항상 염두에 두어야 한다. 매달 투자금의 3분의 2로는 적절한 시기에 매수하고, 3분의 1은 CMA 계좌에 모은다. CMA에 모으는 자금은 정말 주식을 꼭 사야 할 시기에 그달의 투자금만으로는 부족할 때를 대비하기 위함이다. 지금까지 모은 주식 투자금을 지키기 위한 방어수단인 것이다.

　처음 시작할 때 투자 금액이 꼭 많아야 하는 것은 아니다. 예를 들어, 내 월급에서 주식투자 자금에 30만 원을 배정했다면 그 돈으로도 충분히 시작할 수 있다. 주식투자를 하기로 마음먹은 순간 당신은 자본주의 인간이 된다. 자신이 그러고 싶지 않아도, 우리나라 코스피 지수에 관심이 가고 세계 증시가 눈에 들어올 것이다. 신문의 스포츠 면에만 눈이 가던 사람도 주식을 보유하게 되면 경제 기사를 자연스럽게 찾아보게 된다. 그것은 당신에게 엄청난 능력을 가지게 해 준다. 나의 노동만을 이용해 돈을 버는 시스템이 아닌, 나의 자본을 이용해 수익을 창출하는 시스템 안으로 들어온 것이기 때문이다.

　많은 직장인들이 바쁜 시간을 쪼개 영어공부를 한다. 같은 직장에 다니는 동료들이 하니까 나만 뒤처지는 것 같아 쫓아가기 바쁘다. 회사에는 끊임없이 능력 있는 후배들이 들어온다. 때문에 내 입지는 계속 좁아지는 것만 같다. 하지만 알 수 없는 불안감에 막연하게 시작한, 남들이 다 하는 공부다. 과연 그것이 내 인생에 얼마나 도움을 줄 수 있을지 의문이다. 물론 영어를 잘하면 생각지도 못한 프레젠테이션을 맡을 수도 있다. 휴가 때 외국 여행에 대한 자신감이 더 늘 수도 있다. 하지만 오로지 그것만을 위해 공부하는 거라면 아쉬운 마음이 든다.

어차피 영어공부를 할 거라면 주식을 위한 영어공부를 해 보자. 금융, 경제, 주식 관련 기사를 영어로 읽는 연습을 해 보자. 그렇게 하면 영어공부와 함께 주식을 보는 시각도 트일 것이다. 처음에는 친숙하지 않은 주식 용어들이 많을 것이다. 그리고 금융 용어들은 굳이 어렵게 설명해 놓는 경우가 많다. 그럴 때는 쉬운 경제 이야기부터 계속 읽고 이해해야 한다. 그렇게 내 머리로 이해할 수 있을 만큼 친해져야 한다. 같은 이슈라도 한국 경제 기사와 비교해서 읽어 보면 재미있다.

이제는 그냥 공부가 아니라 돈 되는 공부를 해야 한다. 우리는 평생 열심히 공부하고 일한다. 하지만 왜 이렇게 힘들게 살아야 하는지 생각해 보게 된다. 그러다 보면 우리가 돈에 대한 공부를 하고 있지 않다는 것을 알게 된다. 공교육에서도, 가정에서도 돈에 대한 공부는 아직까지도 경시하는 경우가 많다.

최근에 커티스 캐럴의 TED 강의를 보았다. 그는 강도, 살인죄로 교도소에 있는 범죄자다. 스무 살까지 글을 읽을 줄도 쓸 줄도 몰랐다. 어려서부터 살기 위해 배운 것은 범죄뿐이었다. 그러던 중 커티스는 우연히 교도소 친구로부터 주식에 대한 이야기를 듣는다. 그는 주식이 '돈이 된다'라는 이야기에 글을 공부하고 경제를 공부했다. 지금 그는 교도소에서 경제 자율성 교육을 수감자들에게 하고 있다.

70%의 범죄자들이 강도, 사기 등 돈 때문에 범죄를 저지른다. 커티스는 금융교육을 받지 못하는 것은 큰 사회적인 악재라고 말한다. 그리고 금융 문맹은 질병이라고 강하게 말하고 있다. 사회에 나가서 다시 죄짓지 말라고 200달러를 쥐어 주는 것보다 돈을 어떻게 관리해야 하는지를 알려 주는 것이 중요하다는 것이다. 그가 주식에 대한 말을 흘려듣고, 글을 공부하지 않았다면 지금의 자리에 있지 못할 것이다. 다시 사회에 나온다고 해도 똑같은 범죄를 저질렀을 것이다. 그리고 자신과 같은 수감자들에게 도움이 되지도 못했을 것이다.

우리는 금융을 어려운 용어와 전문지식으로 설명하는 전문가들만 아는 것이라고 생각하기 쉽다. 하지만 사실 금융은 우리의 실생활이다. 작은 장난감 하나도 돈이 없으면 못 산다. 적은 돈이라도 관리하지 않으면 수중에서 새어 나가기 쉽다. 그리고 더 큰 문제는 잘못된 빚을 지게 되면 삶이 어려워질 수도 있다는 것이다. 돈을 다루는 것은 생활방식이다. 대부분의 사람들이 그것을 모르고 산다. 그래서 자신의 돈을 제대로 다루지 못하고 있다.

직장인이 되면 매달 들어오는 월급을 어떻게 모아야 할지 고민될 것이다. 바쁘다는 핑계로 월급통장에 그대로 쌓아 두다가 사라져 버리는 일이 반복될 수도 있다. 월급이 들어오는 만큼 지금 당장은 생활에 문제가 생기지 않을 수 있다. 하지만 이제는 월급만으로는 살아갈 수 없는 극명한 자본주의 시대다. 그런데도 많은 사람들이 아직도 산업시대의 마인드를 버리지 못하고 있다. 노동소득만으로도 충분하고, 예금 이자만으로도 충분히 먹고살 수 있었던 아버지 세대와 우리 세대는 다르다.

화폐 시스템에 따라 인플레이션율은 계속 올라갈 것이다. 이에 반해 나의 월급은 지금과 비슷한 수준일 것이다. 이제 정신 차리고 자본주의 사회에서의 노동자로서의 현실을 직시해야 한다. 지금 안정적인 월급이 들어올 때가 주식으로 자본소득을 늘릴 가장 최적의 시기다. 그러니만큼 바쁠수록 주식투자를 해야 한다.

04

직장인 투자자의 단점을
강점으로 활용하라

전업 투자자의 장점은 시간이 많다는 것이다. 시시각각 변하는 주가 차트를 보면서 언제든 원할 때 매매할 수 있다. 그리고 정보를 계속 찾을 시간이 많아 급박한 사태에 빠르게 대처할 수 있다. 단순하게 보면 그것이 장점처럼 보인다. 하지만 더 많은 매매를 할 수 있고, 원하는 순간에 매매가 가능하다는 것은 그만큼 거래비용, 거래시간이 많이 들어간다는 것이다. 하루 종일 차트에 매달리느라 다른 일에 신경 쓸 겨를이 없는 투자자들도 본다. 차트는 주가의 과거일 뿐이다. 그것을 토대로 미래를 예측하려고 하는 것은 주식으로 투기를 하고 있는 셈이다.

우리 시어머님도 주식을 잠시 하셨다고 한다. 남편이 학생이었던 시절, 집에 들어와도 어머님은 밥을 해 주시지 않았다. 주식매매를 하느라 컴퓨터 앞에만 앉아 계셨다. 그것을 보다가 화가 난 아버님이 한번 밥상을 뒤엎고 나서 결국에는 주식을 그만두셨다고 했다. 전업 투자를 하다 보면 일상생활이 불가능할 정도로 주식투자에 시간을 빼앗기는 것이다.

더 큰 문제는, 전업 투자자는 다른 소득이 없으면 주식으로 고정수입을 벌어야 생활이 가능하다는 것이다. 하지만 주식으로 매달 고정수입을 벌기란 쉽지 않다. 그런 압박감은 주식투자를 하는 데 좋지 않다. 좋은 주식을 오래 보유하기 위해서는 다른 생명줄이 있는 것이 좋다.

직장인 투자자에게는 매달 들어오는 고정수입이 있다. 지금 당장 주식을 팔지 않아도 먹고살 수 있는 돈이 들어온다는 말이다. 그렇기 때문에 마음의 여유를 갖고 투자할 수 있다. 그리고 직장인들은 회사에서 일하느라 주식에 대해 전혀 신경 쓸 수 없는 순간들이 많다. 그래서 매 순간 발표되는 뉴스에 부화뇌동하지 않을 수 있다.

주식시장은 불확실성을 극도로 싫어한다. 악재가 실행되면 오히려 주식이 오를 정도다. 2018년 7월, 트럼프가 중국에 2,000억 달러의 추가 관세를 매기겠다고 경고했다. 그러자 상해종합지수는 급격하게 떨어졌다. 그리고 두 달 후 실제로 관세를 부과한 날에는 오히려 떨어졌던 상해종합지수가 올라갔다. 이미 시장에 반영되어 불확실성이 해소되었기 때문이다.

그렇다면 이런 뉴스가 나올 때마다 급격히 주가가 떨어진 순간에 주식을 매도해 버린다면 어떨까. 그렇게 되면 가장 최악의 순간에 주식을 판 경우가 된다. 초보투자자에게는 마인드 컨트롤을 할수 없는 순간인 것이다. 반면 직장인들에게는 퇴근 후가 되어서야판단을 내릴 만큼의 시간적 여유가 생긴다. 그날 뉴스와 정보를 체크하고, 원칙을 세우고, 계획한 대로 투자해야 하는 이유다. 뉴스가나올 때마다 당황해 주식을 사고팔고 해서는 안 되는 이유다.

그런 면에서 직장인 투자자들은 다른 곳에 신경 써야 할 일이 많다는 것이 강점이 될 수 있다. 부정적이거나 긍정적인 소식에 집중하다 보면 감정적으로 매매할 때가 많기 때문이다.

주식시장에 영향을 미치는 변수는 수없이 많다. 정치적인 요소, 경제 지표 발표, 국제 유가, 환율, 심지어 프로그램의 알고리즘 매매가 급락의 요인이 되기도 한다. 이처럼 시시각각 변하는 주가에 따라 매매하는 것은 시간적으로나 수익률 면에서나 모두 좋지 않다.

내가 처음 주식을 했던 시기는 2009년, 대학교 1학년 때다. 나는대학교에서 경영학을 전공했다. 우리 학과에서는 주식동아리를 쉽게 볼 수 있었다. 모든 학생이 대형증권사에서 주최하는 주식 모의투자 대회에 나가기도 했다. 그 당시는 서브프라임 모기지 사태로 인한 금융위기가 할퀴고 간 상처를 빠르게 회복하던 중이기도 했다.

나는 모의투자를 계기로 친구들을 따라 주식매매를 처음 시작했다. 어떤 주식을 살지 고민하다가 처음에는 나에게 친숙한 기업의 주식을 매수했다. 수능을 본 지 얼마 지나지 않은 시점이었다. 그랬던 터라 인터넷강의의 강자였던 메가스터디와 내가 좋아하는 가수의 소속사인 SM타운 주식을 샀다. 그리고 우리 아빠 회사의 주식을 샀다. 확신이 없어 가상금액 5,000만 원의 투자 금액 중 절반도 매수하지 못했다. 내 돈도 아닌, 가상화폐였는데도 말이다. 그래도 일주일에 한 번씩 수익률 등수 체크를 하면 꽤 괜찮은 등수였었다.

그러다가 옆에 있는 친구가 산다는 주식을 같이 매수하기 시작했다. 정보가 많았던 그 친구는 제약회사의 주식이 대박 난다며 추천해 주었다. 나는 그 말에 잘 알지도 못하는 회사의 주식을 마구 샀다. 내가 샀던 주식보다 더 많은 주식을 샀다. 내가 판단한 회사의 주식보다 어쩐지 친구의 말에 더 신뢰가 갔기 때문이다. 그런데 주가가 급등락하는 것이었다. 나는 당황해 계속 주식을 매매했다. 결국 투자대회에서의 내 등수는 계속 밀려났다. 그러곤 이내 주식은 할 것이 못 된다며 내 관심도 시들해졌다.

학생 때는 시간은 많아도 돈이 없었다. 그래서 시급으로 받는 아르바이트를 많이 했다. 주말이면 웨딩홀에서 안내를 해 용돈을 벌었다. 자연스럽게 시간을 들이면 돈을 벌수 있다는 생각을 하게 되었다. 하지만 한창 친구들과 놀고 꾸미는 데 비용이 많이 들어 항상 용돈이 빠듯했다. 그래서 학생 때는 주식은 모의투자만 하고 실제로 하지는 못했다.

본격적으로 주식을 시작한 것은 신입사원 때부터다. 증권계좌를 개설하고 공부한 대로 나름 종목을 구성했다. 그리고 사고 싶은 주식들을 예산 안에서 계속 사고팔았다. 처음 주식을 할 때여서 이틀에 한 번꼴로 잦은 매매를 했다. 첫 3개월 동안 1~3%만 수익이 나도 신나서 팔았다. 당시 내 종목은 코스닥, 코스피 레버리지ETF(Exchange Traded Fund, 인덱스 펀드를 거래소에 상장시켜 투자자들이 편리하게 거래할 수 있도록 만든 상품), 현대차, 기아차, 포스코, 금선물ETF였다. 800만 원으로 시작해 단 세 달 만에 500만 원의 수익을 올렸다. 레버리지를 이용하고 싶어 뭣 모르고 신용을 이용했던 주식이 많이 오른 덕분이었다. 가지고 있는 돈은 1,000만 원 정도였지만 신용으로 2,500만 원의 주식을 거래할 수 있었다.

하지만 주식을 시작한 지 4개월 차에 신용을 이용한 거래의 엄청난 단점을 알았다. 도저히 불안해서 주식을 계속 가지고 있을 수가 없다는 것이다. 직장에서 일하다가도 주가가 급락하지는 않을까 노심초사하며 계속 화장실에 가 주식 창을 봤다. 이는 업무에 지장을 초래했다. 나는 두려움을 도저히 견딜 수 없어 100만 원가량 손해를 보고 바로 팔아 버렸다.

주식투자를 하고 초기에 수익률을 분석해 보았다. ETF를 통해 단기매매를 하지 않은 종목은 굉장히 성과가 좋았다. 반면 신용과 개별 종목은 수익률이 마이너스가 났다. 그래서 나는 아예 개별 종목을 다 처분하기로 했다. 그러곤 ETF만 파고들었다. 직장을 다니며 많은 시간 매매에 신경 쓰지 못하니 마음 편한 종목을 선택하기로 한 것이다. 그리고 그것은 800만 원으로 시작한 주식으로 단 1년 만에 1,500만 원의 수익을 올리는 비결이 되었다. 월급이 들어올 때마다 적정량을 계속 투입해 얻어 낸 수익이다. 나는 이 1년 동안 ETF를 통해 자본소득 증대를 스트레스 없이 이룰 수 있었다.

직장인은 회사에 얽매여 있다. 덕분에 딴생각을 할 시간이 적다. 게다가 다달이 주식투자를 할 수 있는 월급이 들어온다. 그래서 주식투자에서 중요한 끈기와 분할 매수의 요건을 갖추기 쉽다. 내가 주식투자에 배분하고 싶은 초기 자본금과 매달 나오는 월급의 투자 자금을 꾸준히 적정 비중으로 투자하기만 하면 된다. 내 투자 성향에 맞게 그 비율을 찾아 가면 된다.

나와 같이 투자를 하는 투자모임에 나 외에 3명이 있다. 우리는 각자의 성향에 맞게 ETF 투자를 한다. 나와 또 다른 한 명은 공격적인 투자자로 레버리지 비율이 높다. 그리고 다른 2명은 안정적인 투자 성향으로 현금과 코스피200 지수 비율이 높다. 비슷한 종목에 투자하더라도 각자의 성향에 맞게 투자하는 것이다. 주식시장이 좋지 않을 때 보이는 손실의 크기가 내가 감당하고 인내할 수 있는 정도면 되는 것이다.

직장에서 일하다 보면 나도 모르는 사이에 업종에 관련된 정보를 많이 알게 된다. 적어도 전혀 상관없는 일을 하는 사람들보다는 말이다. 나는 금융권에서 일하며 금리에 민감하게 반응하는 경제 주체들을 매일 본다. 그리고 경제 흐름의 변화를 계속 주시하게 된다. 업무적으로나 주식투자에서 '돈의 흐름'은 나에게 가장 재미있고, 즐거운 분야다.

나는 책으로, 보고서로 주식시장을 공부한다. 그러면서 회사에서는 예금자들의 돈이 어디로 가는지 일하며 관찰할 수 있다. 내가 다른 동료들처럼 그저 기계와 같이 일만 한다면, 나 또한 직장에 대한 불평불만만 늘어날 것이다. 나도 목표가 없었던 때가 있었다. 그때는 퇴근 후 동료들과 회사 상사를 욕하며 술 한잔하다가 지친 몸으로 잠드는 소모적인 생활을 반복했었다.

지금 몸담고 있는 곳이 내가 가장 잘 아는 분야가 된다는 것을 잊지 말아야 한다. 그리고 그것은 나에게 흡수되어 나의 강점이 되는 순간이 온다. 그렇게 생각한다면 지금 일하고 있는 분야에서도 최고가 되기 위해 노력할 것이다. 직장은 나를 전문가로 만들어 주었다. 이리 치이고 저리 치이면서도 계속 경험이 쌓였기 때문이다.

직장의 모든 업무와 환경을 나에게 도움이 되는 방향으로 생각해 보자. 쓸모없는 철학이 무슨 필요가 있겠는가. 나의 발전에 아무런 영향을 주지 못하는 일을 한평생 한다면 어떻게 성공하겠는가. 진짜 투자자라면 내가 있는 그곳에서 항상 발전하기 위해 열정을 쏟아야 한다.

05

평생 월급쟁이로
살 수는 없다

모든 직장인들에게는 정해진 결과가 있다. 바로 퇴사다. 내가 지금 다니면서 죽을 때까지 일할 수 있는 회사는 오로지 내 회사뿐이다. 지금 대부분의 직장인들은 남의 회사를 위해 일하고 있을 것이다. 그렇다면 어떠한 이유에서든 퇴사할 것이다. 정년퇴직이 될 수도 있다. 회사 사정에 의한 권고 퇴직이 될 수도 있다. 아니면 개인적인 사유 또는 질병이 이유가 될 수도 있다. 그것이 무엇이든 우리는 반드시 회사를 떠나게 되어 있다.

그런데 안정적인 직장에서 일하다 보면 미래를 생각하지 않을 때가 많다. 그저 하루하루를 살아가기 바쁘다. 지금 당장은 회사에서 나오는 월급으로 먹고사는 데 문제가 없기 때문이다. 그리고 다달이 적금과 연금을 부으며 막연하게 미래를 대비한다.

하지만 우리가 퇴사 후 필요로 하는 생활비는 생각하는 것보다 더 많을 수 있다. 지금 돈을 벌면서 사는데도 생활이 빠듯한데, 그때는 심지어 직장도 없다. 그리고 노화로 인해 노동 생산성도 떨어진다. 결국 그 시기에 들어갈 돈을 지금 당장 벌어서 비축해 두어야 한다는 이야기다. 하지만 가장 이상적인 방법은 그때를 대비해 현금 흐름을 창출할 수 있는 파이프라인을 비축해 두는 것이다.

부부가 하루 세 끼를 김치찌개만 먹고 산다고 해 보자. 지금 물가로 하루에 대략 7,000원 × 6 = 4만 2,000원이 필요하다. 그렇게 20년을 먹는 것에만 3억 원이 들어간다. 최소한의 생활을 위해 엄청난 비용이 들어가는 것이다. 그런데 문제는 정년은 빨라지고 오로지 노동에만 의존해 생계를 이어 가는 사람들은 늘어나고 있다는 것이다.

우리나라에서는 사업이나 창업을 독려하고 키워 주는 문화가 아직 뿌리내리지 못하고 있다. 씁쓸하게도 좋은 학교를 나와 대기업의 직원이 되는 것이 부모님의 자랑이 되었다. 그리고 안정적인 직업을 위해 공무원을 준비하는 인구가 해마다 늘어나고 있다. 한국직업능력개발원의 조사에 따르면, 2018년도에 공무원 시험을 준비하는 일명 '공시족'이 40만 명을 돌파했다고 한다. 전체 취업 준비생 중 무려 40%가 공무원 시험에 매달리고 있는 것이다.

그러나 직장인의 현실은 노후를 절대 보장받지 못하는 현대판 노예의 삶이다. 이 모습은 마치 다 같이 절벽을 향해 달려가는 기차를 타기 위해 달려드는 모습과 같아 보인다. 기관사는 그 기차에 탄 사람들에게 계속 방송한다. 이 기차를 타야지만 우리가 살 수 있다고 말이다. 그러면 주변에서 걸어가던 사람들이 그 기차를 타기 위해 애쓰게 된다. 그러곤 나는 기차에 탔으니 안전하다는 맹목적인 믿음을 가지게 된다.

잠시 멈춰 서서 방향을 보라. 그리고 내가 어디로 향하는지 직장인으로 살아가는 나의 모습을 보아야 한다. 내가 회사에 이용만 당해서는 안 된다. 내 삶을 위해 회사를 이용해야 한다. 물론 직장 내에서 배울 것, 깨달을 것, 성장되는 것들도 많다. 하지만 그 가치를 이제는 내가 활용해 나의 삶에 도움이 되는 방향으로 이끌어 가야 한다. 월급을 받아 자본에 투자해야 내 미래의 소득을 증가시킬 수 있다. 평생 직장인으로 살 수 없기 때문에 우리는 항상 준비해야 한다. 하루라도 빨리 주식투자를 시작한다면 시간에 따라 더 큰 이익을 볼 수 있다.

우리 아빠는 30년을 자동차회사에서 근무하셨다. 귀족 노조라며 뉴스에 자주 나오는 기업이다. 3년 후 아빠는 은퇴할 나이가 되신다. 하지만 지금까지 내 집 하나 말고는 모아 놓은 자산이 없다. 아빠의 한숨이 깊어지고 있다.

숲을 좋아하는 부모님의 아파트는 조용한 동네에 있다. 10년 동안 옆 동네가 다 오를 때 지하철이 없어 가격도 변동이 없다. 우리 아빠는 30년 동안 부모님이 돌아가셨던 날 2일을 빼곤 회사에 결근 한 번 하신 적이 없다. 항상 "회사에 가는 것이 마음이 편하다. 회사에서 일하는 것이 좋다."라고 말씀하셨다. 나는 한평생 부모와 자식을 위해 헌신하신 우리 부모님을 존경한다. 밝고 긍정적인 엄마와 사람 좋아하는 우리 아빠를 이 세상에서 가장 사랑한다.

우리 아빠, 엄마처럼 대부분의 부모님들은 가정을 위해 자신을 희생하신 부분이 크다. 그리고 우리는 가슴이 찢어지게도 그런 노력이 마치 배신당하는 것 같은 상황을 보게 된다. 열심히 회사를 위해 일한 노동자들이 쉽게 해고당하는 모습을 보게 되는 것이다. 회사를 나와 방황하는 부모님 세대의 모습을 보게 되는 것이다. 평생 젊음, 시간, 꿈을 바쳐 일한 대가가 회사에서의 명예로운 퇴직과 개근상 하나뿐이라니…. 은퇴 후의 여유로운 생활을 상상했던 것과는 괴리가 심한 현실이 참 슬프다.

아빠는 주식을 싫어하셨다. 유일하게 갖고 계셨던 주식은 회사에서 직원들에게 지급했던 자사주였다. 2010년도에 아빠는 그 주식을 팔아 20년 타던 차를 새 차로 바꾸셨다. 그 당시 2만 원대였던 회사 주식의 주가가 급격히 상승하며 2012년까지 8만 원대로 올라갔다. 그때까지 주식을 팔지 않고 가지고 있던 같은 부서 동료들이 1억 원을 벌었다며 돌아가면서 술을 쏘셨다. 아빠는 술을 먹고 들어온 날이면 그때 주식을 팔지 말았어야 했다고 후회하셨다. 빠른 속도로 증가하는 자본소득을 눈앞에서 경험하신 것이다. 그 이후 아빠는 회사 주식을 계속 사 모으고 계신다. 그리고 현금 흐름을 창출하는 투자에 관심을 갖게 되셨다.

인간의 가장 기본적인 욕구라고 믿었던 것들을 포기하는 시대가 되었다. 심지어 전쟁이 있었던 시대에도 결혼은 하고, 자식을 낳았다. 그것을 거부하는 사회적 현상은 역사적 기록에서도 찾아보기 힘들다. 스스로 멸종을 택하는 동물이 어디 있겠는가. 그런데 우리는 너무나도 흔하게 이런 현상을 주변에서 보고 있다. 우리 스스로도 그런 결정을 한다. 혼자서 살겠다고, 자식을 낳지 않겠다고 결정하는 것이다. 이 험한 세상에 내 입에 풀칠하기도 힘들다고 토로한다. 우리가 언제 적에 웰빙, 꿈, 도전을 이야기했는지 기억이 가물가물할 정도다.

회사에서 시키는 일만 하다가 회사 밖으로 나왔을 때, 우리는 스스로 가치를 창출할 수 있는 사람이 되어야 한다. 그래야 생계형 자영업을 하다가 폐업하는 아픔을 겪지 않을 수 있다. 준비되지 않은 창업은 재정적으로도 힘들어지게 할 뿐 아니라 몸과 마음에 상처만 남긴다.

아버지의 친구 김씨 아저씨는 다니던 직장을 그만두시고 퇴직금과 모아 놓은 돈으로 동네에 치킨 집을 차리셨다. 아내도 몸이 힘들다고 도와주지 않자, 혼자서 가게를 계속 꾸려가야 했다. 김씨 아저씨는 하루 종일 혼자서 닭을 튀기다가 어깨에 큰 무리가 왔다. 어쩔 수 없이 1년 만에 가게를 정리하셨다. 프랜차이즈 가맹 비용, 인테리어 비용 등 초기 비용이 많이 들어간 만큼 결국 손해를 보고 가게를 정리하신 것이다.

회사생활을 하다가 사회로 나오면 마땅히 할 것이 없어 창업하는 경우가 많다. 하지만 치킨 집 하나를 차리려고 해도 창업비용이 2억이 든다. 자영업 가게 10곳 중 8곳이 문을 닫는 상황에서 창업에 무작정 뛰어드는 것은 위험천만한 일이다. 이럴 때 직장에 다니면서 다른 현금 흐름을 만들어 두었다면 어땠을까. 그렇게 조급하게 창업을 시작하진 않을 것이다. 직장에 다니며 노동으로만 소득을 얻는 법을 배웠으니, 직장을 나와서도 노동으로 돈을 벌려고 하는 것이다. 하지만 젊었을 때 주식을 시작했다면 꾸준한 자본소득을 누릴 수 있었을 것이다.

생산수단을 소유하는 방법에는 두 가지가 있다. 자기 사업을 하는 것과 주식을 사는 것이다. 자기 사업을 하는 것은 앞서 말했듯이 자신의 경험을 바탕으로 제대로 준비가 안 되어 있다면 위험성이 크다. 치킨 집을 차렸다가 1년 안에 문을 닫아 억대를 잃는다면 그 손해율을 생각해 보라. 대신 주식을 사면 자본가가 된다. 회사를 굳이 그만두지 않아도 자본가가 될 수 있는 것이다. 코스피 지수를 사면, 대한민국의 경쟁성 있는 모든 기업이 나를 위해 일해 주는 것이다. 직장에서 남을 위해 일하던 우리도 나를 위해 일해 주는 회사들을 소유하게 되는 것이다.

아직도 이런 가슴 뛰는 투자를 하지 않는 것이 이해가 안 된다. 주식투자를 하기 전, 우리나라 기업들이 잘되는 것은 나와 상관없는 일이었다. 하지만 이제 우리나라의 기업들이 나를 위해 일해 준다고 생각하니 기업들이 사랑스러워 보인다. 그리고 영향력 있는 글로벌 기업들은 정말 자랑스럽다. 아직 주식투자를 시작하지 않은 직장인이라면, 자본주의 사회에서 자본소득을 누리지 못하는 노동자로서의 삶만 추구하는 것이 과연 상식적인 것인지 의문을 가져보자.

06

시간이 없을수록
주식투자를 하라

주식투자는 마음먹은 순간 시작할 수 있다. 이 책을 보다가 주식투자를 하고 싶다면 지금 당장 휴대전화에 증권사 어플을 깔자. 그리고 비대면 계좌를 개설한다. 그렇게 하고 지금이 주식 장이 열려 있는 시간이라면 당장이라도 주식을 살 수 있다. 10분도 걸리지 않아 당신은 주식을 소유한 자본가가 될 수 있다. 스마트폰 덕분에 어디서든 주식투자를 할 수 있는 시대가 도래한 것이다.

나의 직업은 창구에서 손님을 받는 일이다. 그런 만큼 꼭 주식을 매매해야 하는 날에는 서럽지만 잠시 화장실에 가서 거래한다. 그래도 스마트폰 덕분에 화장실에서라도 거래할 수 있어 얼마나 다행인지 모른다. 보통 5분도 걸리지 않고 매매가 이루어진다. 한번 사거나 팔고 나면 점심시간 때까지 쳐다보지도 않는다.

부동산 투자의 경우 시간이 부족한 직장인에게는 진입장벽이 높다. 먼저 거래에 드는 시간과 임장을 가는 시간이 필요하다. 그리고 쉽게 매매가 되지 않아 시간이 들기도 한다. 그런 것까지 생각하면 한 거래를 위해 들이는 시간은 주식과 엄청난 차이가 난다. 특히 직장인들은 갑작스러운 휴가나 연차가 불가능한 경우가 많다. 때문에 부동산 투자 상황마다 곤란할 때가 많다.

나도 부동산 투자를 아파트, 오피스, 토지 공동투자까지 해 보았다. 나의 첫 부동산 투자는 대구 아파트 갭 투자였다. 대구에 있는 집을 보러 가기 위해 광명에서부터 남편과 번갈아 운전하며 무려 6시간을 달려갔다. 집을 보기로 한 날은 일요일이었다. 하지만 워낙 거리도 멀고 시간에 맞춰 가기 위해 우리는 전날 미리 가 있기로 했다. 찜질방에서 쪽잠을 자고 다음 날 부동산 사무소에 2시간을 일찍 갔다. 그렇게 아파트 주변도 돌아보고 매도자를 만나기 위해 한참을 기다렸다. 그런데 막상 집을 사자니 거금을 들여 어느 정도 수익을 낼 수 있을지 확신이 들지 않았다. 하지만 또 여기까지 온 수고를 생각하니 허탕을 치고 돌아가기도 싫었다. 그래서 결국 일을 저지르고 돌아왔다.

계약을 마치고 몇 달 후 잔금을 치르는 날 또 문제가 생겼다. 대구에 다시 내려가야 하지만 평일이었다. 나도 남편도 연차를 쓸 수 없었다. 결국 그날 아빠가 쉬는 날이셔서 민폐를 끼치고야 말았다. 아빠는 흔쾌히 대구까지 다녀와 주셨다. 하지만 "사고는 네가 치고 수습은 내가 한다."라고 한마디 하셨다. 큰돈을 한 번에 기한에 맞춰 송금해야 하는 문제와 시간을 내는 문제로 부동산 투자는 직장인에게 쉽지 않다는 것을 깨달았다. 그리고 부동산 거래에 따르는 세금 또한 계속 커질 것이었다.

이에 비해 하루에 10분 정도만 시간을 낼 수 있다면 주식투자는 충분히 할 수 있다. 따로 어디를 가야 하는 것도 아니다. 원하는 가격이 되면 알림 기능을 이용해 매수하면 된다. 만약 그것도 시간을 내기 어렵다면 지정가 매수나 예약 매수를 걸어 둘 수도 있다. 증권사 MTS(모바일거래시스템)는 고객을 위해 많은 기능을 갖추어 놓았다. 이제는 '엄지족'이 스마트폰으로 주식을 사고파는 비중이 컴퓨터 HTS(Home Trading System, 투자자가 집이나 사무실에 설치된 PC를 통해 주식을 사고팔 수 있는 시스템)를 통해 거래하는 비중을 넘어섰다는 기사가 나왔다. 그만큼 손쉽게 주식거래를 하는 투자자가 많아졌다는 뜻이다.

부동산 거래를 할 때 처음 공부한 부분이 경매다. 권리분석만 잘하면 나도 싸게 물건을 잡아서 수익을 보고 팔 수 있을 것이라 생각했기 때문이다. 하지만 공부할수록 물건지마다 얽혀 있는 사정을 모르면 큰일 날 수도 있겠다는 생각이 들었다. 그리고 경매 물건을 보고, 법원에 가서 직접 현장 분위기를 살피고 싶었다. 하지만 연차를 도저히 낼 수 없는 회사이다 보니 시간이 문제였다.

아파트, 빌라, 오피스텔, 지식산업센터, 상가 등 생각보다 부동산 투자에도 종류가 많다는 사실을 알았다. 부동산은 그런 각 투자 물건마다 개별적이어서 주의해야 할 점을 파악하는 것이 어렵다. 그리고 투자 자금이 크기 때문에 손실에 대한 타격이 크다고 판단했다.

주식은 개별 종목으로 보면 종류가 많다. 하지만 종류를 묶어 투자하는 ETF가 있다. 그것에 투자하면 종목을 선정하는 데 큰 시간을 들이지 않아도 된다. 또한 각 분야를 대표하는 종목으로 구성되어 있어 개별적인 위험보다는 큰 흐름을 따라간다. 때문에 위험을 분산시켜 준다. 주식투자는 시간을 효율적으로 사용해 최대의 이익을 볼 수 있는 투자 방법이다. 우리나라의 지수뿐만 아니라 다른 나라의 지수를 매수할 수도 있다. 그런 만큼 개별 국가에 대한 위험도 분산시킬 수 있다. 시간이 없는 직장인에게 주식투자는 가장 이상적인 투자수단이다.

시계가 없다면 우리는 시간이 가고 있다는 것을 어떻게 판단할까. 아마도 예전 사람들처럼 해가 뜨면 일어나고 해가 지면 잠을 잘 것이다. 그리고 배가 고파지면 밥 먹을 때가 되었구나 생각할 것이다. 수천 년 동안 해와 별을 보며 시간을 가늠하던 인류가 이제는 휴대전화와 시계로 시간을 가늠한다. 새해가 되면 매년 1년 계획표를 짜기 위해 다이어리를 산다. 그리고 방학이 되면 아이들에게 시간을 어떻게 활용할지 동그란 시계 안에 시간표를 그리게 한다. 사람들은 끊임없이 시간에 대한 지혜를 구한다.

우리는 시간을 효율적으로 관리하는 법을 인터넷이나 책에서 쉽게 찾아볼 수 있다. 많은 조언들을 세 가지로 정리하면 '목표, 계획, 우선순위'다. 나는 직장에 다니면서 '나'에게 온전히 집중할 수 있는 시간이 줄어들었다고 생각했다. 내 인생을 도둑맞은 것 같다는 생각이 들어 이대로는 안 될 것 같았다. 그래서 세 가지 키워드로 지금의 내 상황을 정리해 보았다. 먼저 나에겐 가장 중요한 목표가 없었다. 한 달 벌어서 한 달 사는 것이 다였다. 그러니 계획도 우선순위도 없었다.

나는 직장생활에 안주하지 않고 끊임없이 더 나은 삶을 살기 위한 방법을 찾았다. 그리고 책 쓰기로 성공한 〈한국책쓰기1인창업코칭협회(이하 한책협)〉의 김태광 대표 코치의 강의를 들으러 갔다. 그날도 별 생각 없이 자기계발을 위해 주말에 강의를 들으러 간 것이었다. 그런데 "돈도 시간도 충분하다면 당신은 무엇을 하겠는가?"라는 질문을 받았다. 갑자기 이 질문을 받자 나는 그동안 그 두 가지를 구하고 있었다는 생각이 들었다. 돈이 많았으면 좋겠다. 그리고 시간이 많았으면 좋겠다. 그런데 그 둘 다 충분하다니. 그렇다면 진짜 내 꿈은 무엇일까 혼란스러웠다.

그날 집에 와서 내가 좋아하는 것을 무조건 적어 보았다. 생각이 막힐 때는 나에 대한 객관적인 평가나 성격분석 등 과거의 기록들을 책상에서 꺼내 보았다. 나는 사람들에게 말하는 것과 열정을 드러내는 일을 좋아했다. 새로운 일에 도전하고 실천해 보는 것에서 힘과 에너지를 얻었다. 그리고 그동안 내가 해 왔던 것들 중에 남들에게 알려야겠다는 생각을 못했던 것이 있었다. 바로 주식투자다. 내가 경험한 주식의 성공과 실패 스토리가 다른 사람들에게 도움이 될 수 있겠다는 생각이 들었다.

주식투자를 시작한 이후 나에겐 목표가 생겼다. 전 세계에 주식과 금융에 대한 강의를 하러 다니는 것이다. 우리 집 거실에는 코르크 보드 판에 만든 내 보물지도가 있다. 내가 이루고 싶은 것을 적어 둔 것이다. 보물지도에는 되고 싶은 이미지와 갖고 싶은 것을 시각화한 사진들이 붙어 있다. 거실에 앉아서 잠시 TV를 보다가도 나는 한 시간 이상 시청을 하지 않게 되었다. 꿈을 이루기 위해 노력하는 시간이 더 재미있어졌기 때문이다. 어렸을 때부터 만화에서부터 드라마, 예능, 음악프로를 보는 것이 대부분이었던 일상에 큰 변화가 생긴 것이다.

열심히 일했으니, 여유 시간에는 빈둥거리며 놀아도 된다고 여겼다. 그것이 스트레스 해소에도 도움이 된다고 생각했다. 풍요로운 인생을 살고자 했던 어렸을 때의 포부보다는 각박한 현실에서 소소한 행복을 찾았다. 내 주변 사람들도 나와 별반 다르지 않아 문제점을 인식하지 못하고 살았다. 내가 지금 어디로 가고 있는지 방향성을 생각해 본 적이 없었다. 그저 주어진 일을 하며 내 나름대로 열심히만 살았던 것이다.

직장인들은 누구나 열심히 살고 있다. 하지만 중요한 것은 노력의 양이 아닌 노력의 방향이다. 그래서 혼자서 모든 것을 다 하려는 사람은 무엇 하나 제대로 못하는 경우가 많다. 자신이 잘 모른다면 이미 그 길을 가고 있는 멘토를 찾는 것도 좋은 방법이다.

나 또한 처음 투자를 시작할 때 이미 자신만의 원칙을 가지고 투자에 성공한 사람들의 도움을 많이 받았다. 그런 만큼 평범한 직장인이었지만 나도 누군가에게 도움을 주고 싶었다. 그래서 네이버 카페 〈한국주식투자코칭협회〉에 주식 정보를 올리고 있다. 주식투자로 인해 너무 크게 낙심하지 않도록 직장인 투자자들을 돕고 있다. 그러니 언제든 방문해 정보를 얻어 가길 바란다.

07

주식투자, 지금 모르면
앞으로도 모른다

"시작이 반이다."라는 말이 있다. 이 말은 "좋은 시작이 절반의 성공이다."라는 유대인들의 속담에서 유래되었다. 무엇이든 처음 시작은 두렵기도 하고 어렵다. 하지만 시작해야 가능성이 열린다. 주식투자를 아예 하지 않는 사람의 수익률은 영원히 0%다. 가능성조차 없는 것이다. 사람들은 보통 해 보고 싶은 것을 생각만으로 끝낸다. 실제 행동으로 옮기는 경우가 열 가지 생각 중 몇 가지 정도나 될지 세어 보길 바란다.

학교에서 수업 중에 MBTI 성격유형 검사를 받았다. 나는 ENFP(스파크형)이었다. 이 성격의 특징은 이렇게 설명되어 있다.

"풍부한 상상력과 아이디어를 가지고 새로운 프로젝트를 잘 시작한다. 즉흥적으로 일을 시작하고 재빠르게 해결하는 능력을 가지고 있다."

나는 그동안 주변 사람들에게서 '날뛴다'라는 말을 많이 들었다. 내가 무엇인가 해야겠다고 생각하면 앞뒤 안 따지고 무조건 뛰어들었기 때문이다.

대학교 4학년 때 휴학 없이 취업을 준비하려고 했다. '내 인생'에 대해 고민하던 중 외국에 나가 더 넓은 세상을 봐야겠다는 생각이 들었다. 그리고 곧바로 미국 인턴십 프로그램에 지원서를 넣었다. 당시 교육과학기술부에서 대학생들을 선발해 보내 주는 WEST라는 프로그램이 있었다. 그것을 통해 나는 미국에 갈 수 있는 좋은 기회를 얻었다. 처음에는 갑작스러운 소식에 아빠가 반대하셨다. 하지만 엄마의 설득으로 나는 그렇게 생애 첫 비행기를 탔다.

인턴십을 하기 전 6개월간은 어학연수를 받는 기간이었다. 나는 그 짧은 시간에 어떻게 하면 영어를 최대한 익힐 수 있을지 고민해 보았다. 그러려면 미국 사람들의 삶을 나도 온전하게 살아 봐야 할 것 같았다. 고민한 결과 공부만 하는 것이 아닌, 직접 일하며 많은 사람들과 부딪쳐 봐야겠다고 생각했다. 운 좋게도 인턴을 위한 J1비자는 합법적으로 아르바이트를 할 수 있었다.

나는 미국에 도착한 지 단 3일 만에 뉴욕의 빵집에서 아르바이트를 시작했다. 돈을 벌려면 내 몫을 해야만 했다. 때문에 고객들을 응대하기 위해 생존 영어를 익혀야만 했다. 그 당시 어학연수를 하러 먼저 와 있던 대학교 친구가 내가 일하는 빵집을 찾아왔다. 그리고 나에게 어떻게 오자마자 일할 생각을 했냐며 깜짝 놀랐다고 했다. 나는 그냥 고민하지 않고 생각이 들면 바로 실행한다. 그래서 그것이 깜짝 놀랄 일일 거라고는 생각하지 못했다.

그 시간 동안 나는 미국의 고등학생, 대학생인 동료들과 매일 어울렸다. 함께 놀면서도 미국의 학생들의 삶이 어떤지 경험할 수 있었다. 그들은 기꺼이 나를 위해 많은 것을 도와주고, 새로운 문화를 보여 주었다. 그곳에서 일하면서 나는 생활비도 벌 수 있었다. 덕분에 학교생활만 하는 친구들보다 빠르게 적응할 수 있었다.

짧은 시간에 더 많은 것을 얻기 위해서는 무엇이든지 직접 겪어 보아야 한다. 두려움 때문에 주식을 매매하지 않고 공부만 할 수도 있다. 공부하고 나중에 준비되면 시작해야겠다고 생각하는 것이다. 그러나 소액으로 매매를 시작하고 공부를 병행하는 것이 훨씬 더 빨리 가는 방법이다. 직장인들에게는 시간이 남아도는 것이 아니기 때문이다.

주식거래를 처음부터 모의투자로 하지 않길 바란다. 계좌를 만들고 적은 금액이라도 진짜 내 돈으로 거래해야 한다. 그래야 관심도 생기고 투자 습관을 만들 수 있다. 대학생 때 주식을 모의투자로 시작했기 때문에 내가 꾸준히 투자하지 못하고 바로 그만둔 것이다. 내 돈이 걸려 있지 않으니 큰 손해를 보자 바로 관심이 없어진 것이다. 그러다 취업 후 주식을 해야겠다는 생각이 들었다. 그때 나는 바로 주식 계좌를 만들었다. 그리고 바로 그날 원하는 종목을 매수했다.

매수하고 나니 그때부터 주식에 관련된 모든 것이 궁금해졌다. 어떤 종목을 매수해야 할지, 어떤 방법이 있는지. 도서관에 가서 주식 관련한 책을 읽는 것부터 시작했다. 그러면서 개인 투자자들을 위한, '가치투자'에 관한 책을 가장 많이 접했다. 저평가된 우량주를 찾기 위해 재무제표를 보는 법, 전자공시 DART를 보고 기업 분석하기, 워런 버핏의 가치투자 원칙 등을 담은 책들이 많았다.

그런데 문제는 두려움이었다. 분산투자를 위해 저평가되었다고 생각되는 5개의 기업에 투자하자마자 걱정이 되기 시작했다. 잘못 분석한 것은 아닌지, 언제 팔아야 하는지 판단이 서지 않았기 때문이다.

그래서 유료 강의를 통해 '기술적 투자'를 공부했다. 차트를 보고 추세선과 캔들 모양으로 가격의 상승과 하락을 예측하는 것이었다. 하지만 차트는 보조지표에 불과했다. 시장에 온갖 재료들이 나올 때마다 주가의 변동 폭은 내가 예상했던 것보다 컸다. 나는 큰 하락장에는 두려움 때문에 주식을 팔았다. 그러다 상승 막바지에 올라타 쓴맛을 보기도 했다.

시장은 차트로는 도저히 예상할 수 없는 괴물 같아 보였다. 내 능력 밖의 일인 것 같았다. 그래서 전문가를 쫓아다니며 사라고 할 때 사고, 팔라고 할 때 팔았다. 하지만 그것은 오히려 독이 되었다. 투자에 대한 책임은 나에게 있는데도 손실이 커지면 남 탓을 했다. 그래서인지 앞으로 더 나아갈 수 없었다. 전문가도 시장을 예측할 수 없는 나와 똑같은 사람이었다.

나는 손실을 본 순간에도 주식투자를 놓지 않았다. 그리고 주식을 이용해 부자가 되기 위한 방법을 계속 찾았다. 내 돈이 걸려 있으니 관심과 열정은 꺼지지 않고 공부할수록 즐거웠다. '왜 이제야 주식을 시작했을까'라는 생각을 했다. 내 주변엔 아직도 월급만 받고 주식에 대해서는 관심도 없는 사람들이 많다. 예전엔 나도 꾸준히 월급을 모으기만 하면 평범하게 살 수 있을 거라고 막연히 생각했다. 하지만 주식투자를 하기로 결심한 순간 삶을 바라보는 방향이 바뀌었다.

도전하지 않는 인생은 내가 원하던 삶이 아니었기 때문이다. 주식은 나에게 도전이었다. 나는 안정적으로 월급을 받으며 살아간다. 하지만 주식은 나에겐 끊임없이 도전의 열정을 불어넣어 주는 원동력이 되기 때문이다.

한 종목을 살 때 나는 그 종목에 대한 정보를 계속 찾는다. 그리고 관련 있는 뉴스와 전문가들의 분석 글을 보면서 내 나름대로의 생각을 정리한다. 그러면서 자본은 하나의 분야, 하나의 나라에만 영향을 받는 것이 아님을 알았다. 유기적으로 모두 연결되어 있다는 것을 알았다. 이라크 전쟁이 왜 일어났는지, 미국이 사우디아라비아와 어떻게 긴밀한 관계를 유지하게 되었는지. 주식을 하지 않았다면 전혀 관심이 없었을 것이다.

우리는 어떤 분야에서 성공한 사람들의 전기를 읽어 볼 수 있다. 그러면 그 분야뿐만 아니라 다른 분야에도 접목시킬 수 있는, 뛰어난 혜안을 가진 사람들이 많다는 것을 알게 된다. 그 사람들은 일하는 곳에서뿐만 아니라 자신의 생활에서도 몸에 밴 원칙을 만든 사람들이다.

먼지 봉투 없는 진공청소기를 발명한 제임스 다이슨은 영국의 발명가이자 사업가다. 다이슨은 흡입력이 떨어지는 먼지 봉투를 제거한 청소기를 만들고 싶었다. 그래서 계속 발명을 시도했다. 그렇게 5,126번의 실패를 하고 5,127번째에 다이슨 청소기를 발명했다. 이제는 가전업계의 애플이라는 다이슨 기업을 이끌고 있다. 많은 사람들이 성공철학에 대해 물으면 그는 명확하게 "실패를 추천한다." 라고 이야기한다. 인터뷰에서 그는 자신의 인생은 99%가 실패였다고 했다. 하지만 그 실패는 좌절이나 패배가 아니다.

에디슨도 "나는 실패한 것이 아니다. 잘되지 않는 방법 하나를 안 것이다."라고 같은 말을 했다. 다이슨은 3,000번의 실패를 하고 있을 때 생활고로 아내와 함께 미용교실을 운영하고 있었다고 한다. 지금의 성공한 사업가로서의 다이슨만 아는 우리인 만큼 그에게도 어려운 시절이 있었다는 점이 새롭다.

　모르는 것을 시작했을 때 바로 성공을 바라면 좌절하기 쉽다. 하지만 지금 시작하지 않으면 앞으로도 모를 확률이 크다. 주식투자도 마찬가지다. 많은 실패를 거듭하고 성공을 이루어 낸 사람들의 이야기를 통해 우리는 한 가지만 기억하고 가면 된다. 오늘보다 내일 더 나은 내가 되고 있다고 생각하는 것이다. 그런 만큼 지금 시작한 나의 주식투자 수익이 내일 더 나은 결과를 가져다줄 것이라는 확신을 가지고 시작해야 한다.

08

직장인의
'바쁨'을 이용하자

바쁠수록 시간을 잘 활용할 수 있다. '적극적 행동의 법칙'이라는 것이 있기 때문이다. 더 많이 움직일수록 에너지가 올라간다는 것이다. 빠르게 움직이면 시간 활용이 잘되는 경험을 해 봤을 것이다. 열정과 에너지가 올라가 짧은 시간에 효율적으로 일하게 되기 때문이다.

나는 대학교 1학년 때 스무 살의 자유를 만끽했다. 그 대가로 마지막 학기 날 받아 본 학점은 충격적이었다. 정신이 번쩍 들어 2학년부터는 최대 학점보다 더 많은 학점을 시간표에 채워서 들었다. 월요일부터 금요일까지 바쁘게 학교생활을 했다. 하루 종일 수업을 듣다 보니 시간은 더 없어졌다. 하지만 봉사, 자격증, 어학공부, 인턴십 등 더 많은 경험을 했다. 그리고 학점 또한 최고의 학점을 받았다. 나는 바쁠수록 시간 활용을 잘하게 된다는 사실을 깨달았다. 지금 당장 하지 않으면 다음은 없다는 생각에 실행력이 높아졌기 때문이다.

직장생활을 하다 보면 시간이 없다고 불평할 때가 많다. 하지만 오히려 시간의 여유로움이 전업 투자자들에게는 나태를 불러온다. 긴장감과 시간제한이 없어 늘어지기가 쉽기 때문이다. 적절한 긴장감은 오히려 투자에 도움이 된다. 직장에서 일하는 시간을 제외하고, 자투리 시간과 여유 시간을 잘 활용하기 위해 노력하기 때문이다.

은행원은 2년마다 다른 지점으로 인사이동을 한다. 유동인구가 많은 상업지구에서 일할 때는 숨 돌릴 틈 없이 고객을 응대했다. 가장 바쁜 지점이었지만 열정적으로 일을 마치고 나면 밤 9시에도 댄스학원엘 갔다. 그만큼 에너지가 넘쳤었다. 그 당시 업무 성과도 좋아 분기마다 개인 포상도 받았다.

그러다 2년 후 고객이 그렇게 많지 않은 한가한 지점으로 발령이 났다. 나는 번호표에 쫓기지 않으니 응대하는 고객마다 더 친절하게 상담해 줄 수 있을 거라고 생각했다. 하지만 오히려 한가한 지점에서 다른 생각을 많이 하게 되었다. 목표 실적을 이루겠다는 열정도 떨어졌다. 아이러니하게도 바쁠수록 더 낳은 성과를 낸 것이다.

직장인이 주식투자를 할 때 조심해야 할 것이 있다. 바로 주식투자에 신경 쓰느라 업무에 지장을 받아서는 안 된다는 것이다. 그러지 않으면 회사나 주식 수익 양쪽에 모두 안 좋은 영향을 주게 된다. 주식에 신경이 가 있으면 회사 일에 집중되지 않아 업무 성과가 떨어질 것이다. 회사에서의 평판도 안 좋아지는 악순환이 반복될 것이다. 그리고 주식 또한 성급한 판단으로 매매할 확률이 크다. 주식은 경제 일정을 미리 체크하고 계획한 대로 매수해야 한다. 본업에 집중해야 흔들리지 않는 투자를 할 수 있는 것이다.

처음 주식을 했을 때 나 또한 주식에 정신이 팔린 적이 있다. 수중에 있는 금액을 안정적으로 운용했을 때는 괜찮았다. 하지만 신용을 이용한 거래를 하면서 크게 손해가 날 수도 있다는 생각이 들었다. 그러자 도저히 업무에 집중이 되지 않았다. 탐욕에 그만 투자가 아닌 투기를 시작했기 때문이다. 그러다가 계속 화장실을 들락거리며 정신을 못 차리게 되었다. 업무 중에도 실수가 나왔다. 이내 나는 손해를 보더라도 주식을 매도했다. 그러곤 이런 방법으로는 투자하지 않겠다고 결심했다.

그리고 직장에서 일하는 동안 신경 쓰이지 않는 투자 방법을 계속 연구했다. 어떤 종목에 투자하고, 어느 정도 투자했을 때 안정을 유지할 수 있는지 파악했다. 그리고 방법을 찾았다. 그런 후 내가 확신하는 투자법으로 더 이상 직장에서 주식에 신경 쓰지 않아도 되었다.

투자를 시작하고 꾸준한 투자로 한 달 월급만큼의 수익을 올렸다. 직장에서는 일하느라 바빠 주식 창은 쳐다보지도 못했다. 하지만 확신을 가지고 나서부터는 내가 일하는 동안 내 자본도 나를 위해 일하고 있다고 생각한다. 그래서 나는 오히려 내 일에 집중할 수 있는 정도의 바쁨을 좋아한다.

'바쁨'을 긍정적인 에너지로 바꾸기 위해서는 내 몸을 움직여야 한다. 요즘에는 직장인, 취준생 등 너 나 할 것 없이 누구나 다 "바쁘다!"라고 외친다. 현대인이 스트레스를 받는 이유 중 하나는 주어진 시간에 더 많은 것을 하려고 머리만 굴리기 때문이다. 직장에서 하루 종일 자리에 앉아 일하는 것도 부족해 집에서는 누워서 TV나 스마트폰만 본다.

그렇게 몸은 움직이지 않고 머릿속으로 잡다한 생각만 하니 풀리지 않는 걱정만 느는 것이다. 몸을 움직여 줄 때 우리는 머릿속의 생각을 비워 내고, 새로운 아이디어로 채울 수 있다. 주식은 원칙을 지키고 꾸준히 공부해야 한다. 그런 면에서 운동은 투자 마인드를 유지하는 데 도움이 된다.

나는 성인 태권도 도장에 다니고 있다. 일주일에 세 번, 회사가 끝나면 태권도 도장에 간다. 태권도를 배우기까지 우여곡절이 있었다. 나는 체력이 좋은 편은 아니었다. 어렸을 때는 피곤하면 쉽게 코피가 났다. 학교에서 수련회를 가면 항상 쌍코피가 나서 여러 번 고생한 적이 있다. 그러다 직장을 다니면서 운동을 해야겠다고 생각했다. 그래서 요가, 헬스, PT, 댄스 등 여러 가지를 해 봤다. 하지만 재미가 붙지 않았다. 몸에 익숙하지 않아 이내 쉽게 포기했다.

하지만 망설이다가 처음 간 태권도 도장에서 태권도가 나에게 맞는다는 것을 알았다. 품새를 하나하나 해 나갈 때면 온몸에서 땀이 났다. 체력훈련을 하며 턱 끝까지 차오르는 숨소리를 들으면서 내가 살아 있다는 것을 느꼈다. 그러고 나서 집으로 돌아오면 고민거리는 모두 사라지고 기분 좋은 에너지가 생겼다. 그 힘으로 나는 내가 좋아하는 주식, 경제, 금융을 꾸준히 공부할 수 있었다.

미국의 100달러 지폐의 인물인 벤저민 프랭클린은 "당신은 지체할 수 있지만 시간은 지체할 수 없다."라는 말을 남겼다. 생전에 정부의 중요 인물은 아니었지만 최초의 미국인이라는 칭호를 얻고 있다. 벤저민 프랭클린은 초등학교를 중퇴하고도 여러 방면에서 업적을 남긴 인물이다. 그가 가장 중요하게 생각한 것이 바로 '시간'이다. 결심한 것은 바로 실천하는 행동력을 중요시하고, 13가지 덕목을 만들어 지킨, 자기관리에 철저한 사람이었다.

성공한 인물들의 전기를 보면 한 분야에서만 뛰어난 것이 아니다. 여러 분야에 업적을 남긴 사람들이 많다. 다산 정약용은 조선 후기의 대표적인 실학자였다. 그는 정치 개혁뿐만 아니라 상업과 수공업 분야에도 시대를 앞서가는 시각을 가지고 있었다. 화폐제도의 개혁안을 제안한 인물이다. 뿐만 아니라 신분제 개혁, 농·공·상업의 행정직 관여, 과학기술의 발전의 중요성을 주장한 인물이다.

벤저민 프랭클린과 정약용은 당시에는 학계와 기존 주도 세력의 비판을 받았다. 하지만 후대에서는 다방면의 뛰어난 업적을 인정받고 있다. 프랭클린은 쓸모없는 철학이 무슨 소용이 있냐며 실용주의를 중요시 여겼다. 정약용 또한 조선 실학을 집대성한 대표적인 인물이다.

이룬 업적을 보면 바쁘다고 외치는 우리보다 훨씬 더 바쁘게 산 사람들이 분명하다. 우리가 바쁘다고 느끼는 그 심리는 가짜 바쁨일 수 있다. 시간과 돈, 의지가 부족할 때 정신적으로 바쁘다고 느끼고 판단력이 흐려진다. 지금 가장 잘할 수 있는 일에 집중하다 보면 우리는 진짜 '바쁨'을 이용할 수 있다. 그것은 한마디로 응축된 에너지다.

응축된 에너지는 레버리지 효과를 가지고 있다. 작은 노력으로 최대의 효과를 누릴 수 있다. 학창시절의 시험기간에 시간적 여유가 있을 때면 집중이 잘 안 될 때가 많았다. 항상 시험 날이 가까워지면 집중력이 발휘되었다. 미리 공부하는 것이 더 좋다는 것을 알고는 있었다. 하지만 하루 뒤에 해도 된다는 생각에 집중력도 낮아지고, 딴생각이 계속 드는 것이었다. 지금이 아니면 안 된다는 생각이 집중력을 발휘하게 하고, 효과적으로 공부하게 했던 것이다.

직장에서 일하는 13시간을 제외하면 나에겐 남는 시간이 별로 없다. 그렇기 때문에 주어진 시간에 집중해 무언가를 하게 된다. 주식공부든, 운동이든 그 시간이 아니면 안 된다고 생각하게 된다. 그래서 직장인의 긍정적인 '바쁨'은 자기발전의 촉매제가 될 수 있다. 바쁘다고 불평만 하고 있으면 삶은 나아질 수 없다. 이제 나의 바쁨도 이용하는 현명한 직장인이 되는 것은 어떨까.

PART 2

월급쟁이가 부자 되는 주식은 따로 있다

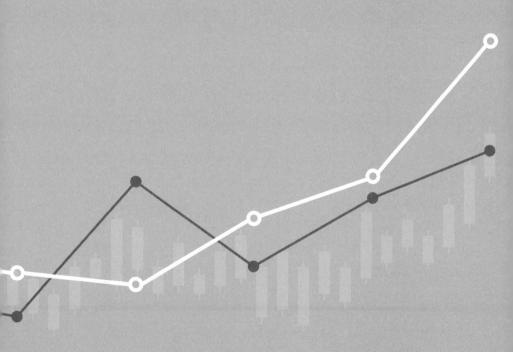

01

월급은 주식으로
불려야 한다

투자에 딱히 관심이 없는 직장인들도 있다. 돈을 모으는 데 절박하지 않은 직장인들은 대부분 쓰고 남은 돈을 그냥 월급통장에 넣어 둔다. 내 남편이 그랬다. 남편은 직장생활 7년 동안 월급통장에 계속 쓰고 남은 돈을 모아 두었다. 그래서 결혼하려고 할 때 통장에는 2,000만 원이 남아 있었다. 결혼을 준비하면서 시부모님이 남편과 내가 함께 있을 때 남편에게 그동안 얼마나 모았냐고 물어보셨다. 그리고 대답을 들으신 후 7년간 직장생활을 했는데 그것밖에 안 되냐며 황당해하셨던 기억이 난다.

나는 학생 때부터 돈에 관심이 많았다. 때문에 남편이 마냥 신기했다. 나는 월급을 입출금통장에 도저히 그냥 놔둘 수 없는 성격이기 때문이다. 적금으로라도 굴리고 싶을 것 같은데 신경 쓰지 않고 통장에 넣어 두었다는 남편이 더 특이해 보였다. 이자 한 푼 붙지 않는 통장에 내가 고생해서 번 돈을 그냥 넣어 둘 생각을 하면 하루도 못 견딜 것 같다. 나는 월급을 받는 그 순간, 자금을 어떻게 운용할지 고민하는 것이 정말 즐겁다. 이번 한 달에도 내 힘으로 번 월급이 있다는 것이 뿌듯하다. 그리고 앞으로 더 큰 자금이 모이는 상상을 하면 희망이 커진다.

은행 창구에서 일하면서 적금과 예금을 하러 오는 고객들을 매일 만난다. 가장 많이 오는 고객은 3,000만 원에서 5,000만 원의 자금을 예금으로 맡기기 위해 오는 50대에서 70대 고객들이다. 저축을 항상 해 오던 고객들은 상담하기가 편하다. 이미 몇십 년 동안 예금을 해 보신 분들이어서 많은 설명이 필요 없다. 그저 1년으로 연장해 드리면 그만이기 때문이다. 하지만 내가 가장 열정적으로 설명하고 많은 시간을 할애하는 고객군이 있다. 목이 아프도록 설명해 주는 고객은 바로 20대에서 30대 고객들이다.

나는 그들 고객에게 적금과 예금의 차이점부터 세금을 적게 떼는 출자금 개설 방법까지 설명한다. 하나부터 열까지 돈 모으는 법에 대해 설명하는 것이다. 은행에 저금하는 법을 반복해서 설명할 때가 있다. 그럴 때면 나는 세상의 얼마나 많은 직장인들이 자신의 월급을 아무렇지 않게 투자하지 않고 그냥 두고 있는지 궁금하다.

내 일이라서 너무나 익숙한 돈 굴리는 법에 많은 직장인들은 크게 관심을 가지지 않는다. 아니면 관심은 있어도 귀찮거나 머리가 아파서 그냥 방치하는 것인지도 모르겠다. 그래도 자금관리에 신경을 쓰는 직장인들도 있다. 그들도 대부분 부모님들이 해 왔던 방법인 적금으로 굴리고 있을 것이다.

적금과 예금은 현재 이자가 2%대다. 과세 15.4%를 떼고 나면 1,000만 원에 1년에 10만 원대의 이자가 나온다. 1,000만 원의 이자가 한 달에 만 원꼴인 셈이다. 그러다 보니 열심히 적금을 붓고 만기가 되어 이자를 받으면 실망이 먼저 찾아오게 된다. 생활비에서 어렵게 100만 원씩 아끼고 아껴서 모아도 1년 뒤 세금을 떼고 10만 원의 이자를 받으니 왜 안 그렇겠는가.

직장인들은 노후생활에 대한 걱정이 크다. 주변에서 연금을 부어야 한다고 해서 개인연금에 가입하면 또 길고긴 싸움이 시작된다. 연금은 해당 회사의 사업비가 있어 수수료가 높다. 모집인에게 수당도 떼어 주어야 하기 때문이다. 가입하고 거의 10년 동안은 해지 시 원금 손해뿐만 아니라 연말정산 때 돌려받은 금액까지 다시 토해 내야 한다. 따지고 보면 물가 대비 투자성은 정말 형편없다. 심지어 나는 연금 가입 고객들이 원금을 손해 보면서 중간에 해지하는 경우를 많이 본다.

그렇다면 매달 고정비용으로 나가는 보험은 어떤지 한번 체크해 보길 바란다. 보험은 정해진 진단금이 나오는 상품이 대부분이다.

암보험, 뇌출혈, 심근경색 등 질병이나 사고를 당했을 때 목돈이 나오는 구조다. 지금 당장 들어가는 보험료는 5만 원에서 10만 원까지 다양하다. 그렇다면 여기저기에 가입된 보험을 정리하지 않고 계속 붓는다고 해 보자. 시간이 지날수록 엄청난 목돈을 쏟아부은 셈이 된다.

나는 현재 회사에서 보험 매니저로 활동하고 있다. 나는 내가 가입시킨 보험이 고객들의 인생에 도움이 되길 바란다. 그래서 내가 가장 사랑하는 보험은 실비보험이다. 물가를 반영하는 유일한 보험이기 때문이다. 실비보험은 내가 들인 돈에서 80~90%를 돌려준다. 그런데 우리 엄마가 나를 위해 가입해 준 보험은 암보험, 종신보험이 다였다. 내가 과연 10대에서 20대에 암에 걸리거나 죽을 확률이 몇 %인지 지금 와서 따져 봐야 무엇 하겠나. 그저 건강한 것에 감사할 뿐이다.

작은 질병으로 병원을 자주 들락거렸다. 하지만 실비보험이 없어서 병원비는 병원비대로 냈다. 엄마가 지금까지 힘들게 납입한 종신(재해사망) 보험료는 1,000만 원에 가깝다. 그중에 돌려받는 금액은 600만 원이 다였다. 그 어렵던 시기에 아빠에게 한 소리 들으시면서 친한 친구분에게 가입했던 보험이다. 나는 보험을 좋아하지만 합리적인 보험과 내 걱정을 덜어 줄 만큼의 보험만을 좋아할 뿐이다. 부자가 되려고 보험에 가입하는 것은 아니다.

특히 저축보험은 장기여서 돈이 묶인다. 꽤 오랜 기간 원금보다 손해를 보는 구조다. 물론 비과세 혜택과 10년 후 또는 몇십 년 후 모인다고 광고하는 금액은 지금 보면 꽤 큰 금액인 것 같다. 하지만 사실 현금의 가치는 현재가 가장 높다. 계속된 인플레이션으로 돈의 가치는 낮아진다. 몇십 년 후 받는 1,000만 원이 지금의 1,000만 원이 아니라는 이야기다.

남편이 유일하게 투자한 것이 바로 이 상품이다. 회사에 찾아오는 보험 대리인들에게 가입한 5년 만기, 10년 만기 저축보험이 무려 5개나 있다. 사업비와 보험 대리인의 모집 수수료가 굉장히 큰 상품인 것을 알고 보면, 사실 확정된 손해 상품이다. 단지 강제적으로 해지하면 원금을 손해 보니, 강제적으로 돈을 모으길 바라는 사람들이 가입해 두는 보험이라고 보면 된다.

직장인의 월급은 주식으로 굴리는 것이 가장 현명하다. 다른 사람에게 내 자산을 맡기면 그만큼의 비용이 발생한다. 내 돈을 가장 잘 굴릴 수 있는 사람은 바로 나다. 내 자산을 가장 잘 아는 사람이 나이기 때문이다. 내가 모든 거래를 하는 주체가 되니 다른 사람에게 매달 비싼 수수료를 줄 필요가 없다. 수익률을 올리는 가장 확실한 방법 중 하나가 확정된 비용을 없애는 것이다.

나는 보험을 팔아 한 달에 80~100만 원 정도의 보험 수당을 받는다. 월급 외로 버는 수익이 따로 있는 것이다. 그래서 나는 보험에 가입할 때 내가 가입한 보험 대리인에게 떨어지는 수당과 사업비가 어느 정도인지 인지하고 가입한다. 그 비용을 내더라도 내가 걱정하는 부분을 해결해 줄 수 있는 금액 정도로만 가입하는 것이다.

주식투자를 할 때도 일반 펀드는 잘 가입하지 않는다. 내가 운용하는 것이 아니어서 수수료를 계속 내야 하기 때문이다. 그리고 주식처럼 매매가 아닌, 가입하고 해지하는 형태여서 거래에 소요되는 시간도 많다. 남이 구성해 준 종목이 아닌, 내가 구성한 종목으로 주식을 거래하면 최소의 비용으로 수익을 높일 수 있다.

그렇기 때문에 증권거래세가 면제되고 수수료도 평균 0.36% 정도로 적은 ETF 투자는 직장인에게 가장 적합한 투자 방법이다. 이제는 세금을 줄이는 투자가 이기는 투자라는 것을 알 것이다. 엄청난 비용과 세금에 부동산 투자자들도 거품을 물 지경이니 말이다.

ETF는 주식과 펀드의 장점을 모두 합쳐 놓은 상품이다. 그런 면 때문에 이미 금융 선진국에서는 개인 투자자들의 투자 자산에서 많은 비중을 차지하고 있다. 우리가 적금에 가입하듯이 월급에서 일정 부분을 떼어 무조건 ETF를 매수하는 것이다. 우리는 물가 대비 확정된 손실을 보면서도 저축을 한다. 반면 미국에서는 나라와 기업의 발전을 국민들도 누릴 수 있게 지수투자가 대중화되어 있다.

시간이 지날수록 우리는 허리를 더 졸라매게 된다. 반면 미국 국민들은 재화와 서비스를 풍부하게 소비하고 있다. 조지 소로스와 같은 소수의 금융 투자업계 인물들의 연봉이 무려 삼성이 한 해에 벌어들이는 순이익과 맞먹는다. 금융의 부가가치는 실로 어마어마한 것이다. 금융을 무시하고 천대하면 국력도 강해질 수 없다.

안정적으로 부의 추월차선에 탈 수 있는 주식을 대부분의 국민들이 도박으로 여기고 있다. 그러니 기업의 부가 소수 자본가들에게만 돌아가는 것이다. 직장인들이 부자 되는 주식은 따로 있다. 바로 안정적이고 저비용으로 관리할 수 있는 ETF다.

02

100만 원으로
주식투자 시작하기

100만 원으로 주식을 시작해 보자. 나는 자금을 일단 3분의 1로 나누는 것을 좋아한다. 처음 30만 원은 시작한 날 바로 장이 열리면 코스피 지수를 매수한다. 언제 살지 고민하지 않고 일단 사는 것이다. 그리고 다음 30만 원은 시스템 트레이딩으로 전략 분산을 한다. 그리고 나머지 40만 원은 CMA 계좌에 넣어 둔다. 내가 생각하는 최고의 타이밍을 위한 총알로 남겨 두는 것이다. 내가 주식 종합 계좌 말고 CMA 계좌를 따로 만든 이유가 있다. 처음 투자를 시작하고 나서 크게 잘못한 부분을 투자노트를 통해 알아냈기 때문이다.

주식투자를 시작했다면 투자노트를 만들어야 한다. 간단하게 기록해도 좋다. 나는 처음에 노트에 내가 매수한 주식의 매입 단가와 투자 금액 그리고 현재 가지고 있는 잔금을 적었다. 그러자 언제 이 주식을 샀고, 얼마 정도의 자금이 투입되었는지 파악되었다. 그리고 매수를 한 이유와 후회되는 부분들도 그때그때 적어 두었다. 그 덕분에 상황을 파악하고 다음 투자 때 어느 정도 매수할지 정할 수 있었다.

투자 초기에는 투자 비중을 명확히 정하지 않고 개별 주식을 매매했었다. 아침에는 분명 100만 원 정도를 매매하려고 했다. 그런데 갑자기 그날 주가가 오르고 있으면 수익을 놓칠까 봐 가지고 있는 자금으로 가능한 수량을 전부 매수하게 되었다. 그렇게 하고 나면 정말 사고 싶은 주식이 생기거나 매수하고 싶은 타이밍에 정작 돈이 없어서 살 수 없었다. 너무 많은 비중으로 사 버린 개별 주식은 주가가 흘러내릴 때 '아, 역시 너무 많이 담았구나' 싶어서 곧 팔아 버렸다. 그래서 내 개별 주식의 성과는 좋지 않았다.

나는 내 투자 상황을 정리해야 할 필요성을 느꼈다. 그래서 노트를 한 권 사 와서 투자노트를 쓰기 시작했다. 그렇게 매매를 기록하다가 여러 잘못된 투자 습관을 발견할 수 있었다. 그중의 하나가 종합계좌의 잔금으로 전부 주식을 매수하는 것이었다. 그것도 충동적으로. 그래서 나는 바로 CMA 계좌를 하나 개설했다. 그리고 월급이 들어오면 CMA로 옮겼다. 그리고 투자할 금액을 정해서 종합계좌에 다시 옮겼다. 그렇게 하니 확실히 충동적으로 매매하는 경우가 줄었다.

투자노트는 지금까지 내가 겪어 온 주식투자의 기록이다. 그리고 소중한 자산을 만들어 주는 비법 노트다. 인간은 같은 실수를 계속 반복하기 때문에 적어 두고 후회와 실수를 상기해야 한다. 그래야 탐욕이 다시 눈을 멀게 할 때 정신을 똑바로 차릴 수 있다.

주식에 재미가 붙으려면 수익을 보아야 한다. 소액이라도 이익을 봐야 주식이 돈이 된다는 사실을 피부로 느낄 수 있다. 내가 맨처음 산 주식은 코스닥ETF였다. 코스닥 지수가 오르면 올라가는 ETF다. 당시 TIGER 코스닥 레버리지는 8,000원대였다. 주식을 사긴 했는데 도대체 언제 팔아야 할지 몰랐다. 그러다가 일주일 만에 참지 못하고 3만 8,600원의 수익을 보고 팔았다. 내 첫 수익인 것이다. 적은 금액이었지만 굉장히 기뻤다. 주식으로 내 생애에 처음으로 돈을 번 것이다.

이 코스닥ETF는 2017년 2만 9,900원까지 올랐다. 매수한 금액의 3.5배까지 오른 것이다. 레버리지로 매수했으니 2배에 가까운 수익을 얻은 것이었다. 지금은 많이 떨어져 1만 2,000원이다. 그래도 처음 시작한 8,000원대보단 훨씬 높다.

하지만 나는 그 당시 방법을 계속 찾고 있었기 때문에 짧은 기간에 매매했다. 그리고 작은 수익이었지만 첫 출발이 좋았기 때문에 주식에 재미를 붙일 수 있었다. 그리고 처음에는 코스닥으로 시작했지만, 안정적인 투자를 하기 위해 코스피 시장으로 넘어왔다. 코스닥 시장은 제약주의 비중이 커 거품 논란이 있었기 때문이다. 그 이후에는 코스피 시장 위주로 매매했다.

성공하는 습관을 만드는 법은 작은 일이라도 성공하며 성취감을 느끼면서 나아가는 것이다. 나는 처음에 큰 욕심을 부리지 않았다. 약간의 수익을 보았을 때 매도했다. 생각해 보면 그것이 꾸준히 주식투자를 할 수 있는 계기가 되었다. 조금씩 계속 수익을 보면서 주식에 흥미가 생겼고 더 공부하고 싶었기 때문이다. 이는 어려움 속에서도 투자를 멈추지 않고 계속할 수 있는 원동력이 되었다.

내가 주식투자를 하지 않았다면 100만 원을 어떻게 했을까? 적금에 넣거나 헬스 PT를 끊었을 것이다. 아니면 부모님에게 용돈으로 드렸을 수도 있다. 하지만 이 100만 원이 1년 뒤, 3년 뒤 더 큰 수익으로 돌아올 수 있는 방법이 있다면 그건 바로 주식투자다.

내가 어렸을 적 들었던 옛이야기가 생각난다. 한 나라의 왕비를 뽑기 위해 왕은 세 후보를 테스트했다. 세 사람에게 같은 돈을 주고 일주일 뒤 가장 뛰어난 것을 구해 오는 사람에게 왕비의 자리를 주겠다고 제안했다. 한 사람은 그 나라에서 가장 귀한 음식을 구해 갔다. 그리고 다른 한 사람은 가장 빛나는 보석을 가지고 갔다. 그리고 마지막 한 사람은 받은 돈을 2배로 만들어 갔다. 현명한 왕비로 선택된 사람은 바로 마지막 사람이었다.

가지고 있는 돈을 굴려서 더 큰 자산으로 만들 수 있는 능력을 가진 사람들은 돈을 쉽게 쓰지 않는다. 지금 가지고 있는 100만 원이 110만 원이 되어 돌아올 수 있다는 것을 알기 때문이다. 같은 돈이라도 하루라도 젊었을 때 투자한 돈은 나중에 훨씬 더 큰 자산으로 돌아올 확률이 높다.

스노우볼 효과라는 것이 있다. 산 정상에서 굴린 작은 눈덩이가 아래로 내려올수록 기하급수적으로 커지는 효과다. 젊어서 굴린 100만 원이 추후 얼마의 돈이 되어 돌아오게 될지 알 수 없는 것이다. 삼성전자 주가가 200만 원을 뚫던 시기가 있었다. 그때 오래전에 삼성전자 주식을 사 둔 할머니가 엄청난 수익을 얻었다는 뉴스 기사를 볼 수 있었다.

하지만 개별 주식은 10년 후, 20년 후가 보장되어 있지 않다. 지금에서야 그 기업이 1등 기업인 것을 모두가 인정하게 되는 것이다. 과거에 잘나가던 기업들이 하루아침에 무너지는 것을 여러 번 봤다. 우리가 과거로 다시 돌아간다고 해서 돈을 모두 투자해 놓고 안심할 수는 없는 것이다. 그래서 개별 종목 대신 지수ETF를 가지고 간다면 정말 이 스노우볼 효과를 제대로 볼 수 있다.

국민소득 3만 달러의 시대가 되었다. 그런데 보통 사람들은 그렇게 느끼지 못한다. 왜냐하면 고소득층에 집중되어 소득이 늘어났기 때문이다. 2018년에 우리나라 상위 20%의 가구소득이 1년 동안 9% 가까이 늘었다고 한다. 하지만 하위 20%는 오히려 7% 감소

했다고 한다. 노동자들은 가난해지고 자본가들은 시간이 지날수록 더 부자가 된 것이다. 그게 지금의 화폐경제 시스템이고 자본주의 사회다. 우리가 살아 있는 동안 화폐시스템과 자본주의 체계가 무너지지 않는 이상 이 현상은 계속될 것이다.

그렇다면 우리는 노동자의 편에 서 있는 것이 옳은 선택일지 고민해 보아야 한다. 주변의 모든 사람들이 노동으로 돈을 벌어야 한다고 말해 왔다. 그러니 우리는 아무 생각 없이 그것이 옳다고 믿어 온 것이다. 하지만 그 사람들은 평생 힘들게 돈을 버는 80%의 사람들이다. 돈이 돈을 벌어 주는 시스템을 이용하는 사람들은 지금 이 순간에도 더욱 부자가 되고 있다.

나의 시간을 돈으로 바꾸었다면, 그 돈을 이제는 눈덩이로 굴려라. 그리고 그 돈을 계속 불려 당신의 시간을 지켜 주는 자원으로써 보자. 돈으로 시간을 사는 사람이 되는 것이다. 서울에서 부산을 가도 누군가는 KTX 비용을 아끼기 위해 5시간, 6시간을 걸려 이동한다. 그리고 놀이동산에서 기구를 타려고 해도 몇 시간을 대기해서 입장한다. 좀 더 돈을 지불해 패스권을 산 사람들은 고생하지 않고 모든 놀이기구를 빠르게 즐긴다. 기꺼이 돈을 지불하고 시간을 아끼는 삶을 사는 것이다.

100만 원으로 충분히 주식투자를 시작할 수 있다. 지금 투자한 투자금 100만 원이 엄청난 자산이 되는 상상을 해 보자. 그리고 그것을 현실로 생생하게 느껴야 한다. 그렇게 시작했다면, 아직도 노동만이 살길이라고 생각하는 사람들보다 당신은 훨씬 더 빠르게 가고 있는 것이다.

처음엔 나도 100만 원을 증권계좌에 옮기면서 주식투자를 시작했다. 처음 시작은 100만 원이었지만 지금은 1억을 굴리는 직장인 주식투자자가 되었다. 지금 벌고 있는 돈이 얼마인가보다 중요한 것은 나에게 들어온 돈을 얼마나 크게 만들 수 있는지를 생각하는 것이다.

03

직장인이 피해야 할
주식투자법

개인 투자자들이 가장 많이 시도하는 투자가 가치투자다. 주식 공부를 하기 위해 도서관에 가 보면 투자의 대가 워런 버핏의 책들이 많다. 책에 쓰인 대로 가치 있는 기업의 주식을 장기간 보유해서 수익을 내는 것이 가장 이상적인 투자법처럼 보인다. 하지만 여기에는 문제가 있다. 신도 아닌 우리가 이 기업이 20년 후, 30년 후 존재할지 안 할지 알 수 있는 방법이 없다. 10년 전 100대 기업 안에 들었던 대기업 중 지금 건실하게 존재하는 기업은 손에 꼽힌다. 한국무역협회 보고서에 의하면, 국내 기업의 5년 생존율은 27%에 불과하다고 한다. 장기투자를 하기에 개별 기업에는 너무 많은 변수가 존재한다. 그 변수들을 다 하나씩 정확하게 분석하며 투자하는 것은 불가능하다.

직장인들에게 가치투자법은 신기루와 같다. 그래서 잡을 수 있을 것 같지만 잡히지가 않는다. 나 또한 내가 선정한 기업들이 내가 끝까지 포기만 안 하면 모두 수익을 줄 것만 같았다. 하지만 중간 중간 이슈가 터질 때마다 크게 흔들리는 주가에 내 마음도 같이 흔들렸다. 그리고 주가를 움직이는 힘은 기업의 가치가 아닌 경우가 많다는 것이 가장 큰 핵심이다.

나는 철강업에 투자하고 싶어 포스코와 동국제강의 주식을 샀다. 그리고 세계 최고의 철강기업인 아르셀로미탈의 해외 주식도 매수했다. 세 기업의 주식을 매수한 후 보유 전략을 갖기로 결심했다. 그 기업들의 주가가 떨어지면 조금씩 사 모은 것이다. 미국 주식이 한참 오를 때 우리나라 삼성전자 주식도 연일 뉴스에 보도되며 상승랠리를 펼쳤다. 하지만 내가 산 철강업종들은 지지부진이었다. 처음 투자를 시작한 나에겐 코스피는 오르는데 내 종목은 횡보하는 것이 답답했다. 그 당시에는 분명 가치주라고 생각하고 샀지만 점점 애물단지가 되었다.

개별주들의 과거 차트를 보면 10년, 20년 기간 중에 1~2년 잠깐 오르는 시기들이 있다. 그 시기에 운 좋게 투자해서 빠져나올 수 있는 개인 투자자들이 얼마나 있을지 모르겠다. 대부분의 개인 투자자들은 한참 올라가는 시기에 매수한다. 그러다 손해가 막심해 어쩔 수 없이 매도한다. 그 이유는 내가 산 주식이 가치주일 것이라는 막연한 기대감 때문이다. 조금씩 떨어질 때는 조금만 있으면 금세 올라갈 것 같다. 하지만 한번 떨어지기 시작한 주가는 걷잡을 수 없이 추락할 수 있다. 각 주식마다 우하향, 우상향, 횡보, 쌍바닥형(W자), 쌍봉형(M자) 등 다양한 차트를 보인다.

코스피 지수 차트를 보면 우리가 어떻게 투자하면 좋을지 답을 알 수 있다. 1990년 코스피는 500포인트였다. 그리고 2000년 1,000포인트, 2010년 1,800포인트, 2019년 2,200포인트다. 간단하게 봐도 코스피는 장기적으로 계속 우상향하고 있다. 그런데도 주식투자에 대해 두려움을 갖고 있는 투자자들은 객관적인 수치보다 언론보도에 영향을 많이 받는다.

주가가 곤두박질치던 1998년도와 2007년도 금융위기 때 사람들은 주식시장이 패닉 상태에 빠졌다는 뉴스를 접했다. 우리나라뿐만 아니라 전 세계가 금융위기로 같은 상태였다. 하지만 여기서 우리가 꼭 기억해 두어야 할 것이 있다. 금융위기가 오면 그것을 극복하기 위해 전 세계의 국가기관들이 움직인다는 것이다. 모든 제도를 동원해 시장을 긍정적으로 만들기 위해 노력한다는 것이다. 그래서 정말 주식을 많이 보유한 대주주들은 위기 속에서 우리와 같은 개인 투자자처럼 쇼크에 빠지지 않는다. 주식을 팔지 않는다는 뜻이다.

몇몇 기업은 위기 속에서 사라지거나 무너져 버린다. 그래서 가치투자의 환상에서 벗어나야 한다는 것이다. 우리는 그 위기가 언제 어떻게 올지 모른다. 그리고 어떤 기업이 살아남을지 알 수 없다. 다만 우리는 그러한 위기 속에서도 살아남는 기업이 있다는 것. 또한 혁신적인 기업들이 생겨난다는 것을 알 뿐이다. 그렇기 때문에 수익을 내면서, 위기에서도 가장 오래 파멸하지 않는 주식투자 방법은 지수투자뿐이다.

나는 워런 버핏이 가치투자뿐만이 아닌, 채권과 지수펀드 투자로 자신의 주식 재산을 안정적으로 운용하고 있다는 사실을 알았다. 그리고 그는 한 번도 자신이 직접 책을 쓴 적이 없다. 내가 지금까지 본 워런 버핏의 책은 그의 며느리가 쓴 책이거나 그의 주주서한을 모은 책들이었다. 그의 말들은 정말 명심해야 하는 투자 명언들이다. 하지만 당장 어떤 주식을 언제 살지는 스스로 판단해야 했다.

워런 버핏은 자신의 재산 중 10%는 국채에, 나머지 90%는 미국 S&P 지수펀드에 넣어 둘 것을 유언으로 남겼다고 했다. 그리하여 갑자기 ETF가 화제가 되었다. 60년간 미국의 지수는 무려 127배나 상승했다. 그런 만큼 버핏의 수십 년간의 경험을 토대로 도출해 낸 가장 안전하고 당연한 투자 방법이라 하겠다.

그렇다면 차트를 분석해서 투자하는 기술적 투자는 어떨까? 기술적 분석에서 차트는 과거의 모습을 보여 줄 뿐, 미래는 알 수 없다. 과거에 이랬으니 이번에도 이럴 것이라는 추측은 언제든지 빗나갈 수 있다. 그래서 주식이 움직이는 변동성이 심각한 스트레스로

다가올 수 있다. 차트만 보고 수익을 추격하다가는 손실이 더 커진다. 그리고 내가 해 본 결과 차트에 의한 투자를 하다 보면 투기를 하기 쉽다.

이동평균선과 캔들의 모양으로 대략적인 사람들의 심리는 알 수 있다. 저항이 어디쯤이고, 평균적인 흐름이 어떤지를 알 수 있다. 나는 차트에 의존한 투자에 환상을 가지고 있었다. 차트에 모든 것이 나와 있을 거라고 생각했다. 하지만 결과적으로 차트에 나오는 감정에 따라 매매하면 손해를 볼 수밖에 없다. 절대 차트가 앞으로 나아갈 방향을 점찍어 주지는 않는다. 한번 수익을 크게 보면 자신의 실력을 믿고 더 크게 투자했다가 뼈아픈 고통을 겪을 수 있다. 그만큼 기술적 분석만으로 투자하는 것은 굉장히 위험하다.

펜오션 주식을 사 모으면서 횡보하다가 크게 상승할 것이라 생각했다. 세력들이 매집하는 주식은 횡보구간이 길기 때문이다. 그렇게 단순히 다른 차트에서 본 그림을 막연하게 상상으로 그리면서 투자했다. 하지만 지루한 횡보는 몇 년간 계속되었다. 결국 나는 약간의 손실을 보고 주식을 전부 처분했다.

나와 주식투자를 같이 하는 친구가 있다. 그 친구는 차트 분석을 정말 잘한다. 그리고 나에게 저항구간과 바닥구간을 굉장히 잘 알려 주었다. 차트는 사실 그 친구에게서 가장 많이 배웠다. 하지만 요즘 그 친구는 차트 분석으로 큰 손실을 입어 아직까지 복구가 안 된 상태다. 자신이 너무 욕심이 많았다고 후회한다. 지금 손실이 너무 커서 물량을 아직 덜어 내지도 못하고 있다며 한탄했다. 차트에 의존한 투자를 하면 예상이 엇나갔을 때 감당할 수 없는 손실을 입게 된다. 그러다 보면 결국에는 주식을 팔게 된다.

기술적 투자를 하는 사람들은 가치투자를 하는 사람보다 더 손해가 크다. 같은 돈을 투자해도 더 많은 시간을 주식매매에 쏟기 때문이다. 차트를 보면서 매 순간 변하는 주가와 거래량에 잦은 매매를 하기 쉽다. 그렇게 차트에 일상생활이나 다른 일에 쏟을 시간까지 바치게 되는 것이다. 자유를 얻기 위해 주식을 시작했지만 결국에는 주식 창에 자유를 뺏기고 있는 것이다.

직장인들은 가치투자와 기술적 투자에만 의존한 투자를 피해야한다. 직장에서는 본업에 집중하는 것이 훨씬 좋은 주식투자 결과를 가져다준다. 가치투자와 기술적 투자는 직장 내 업무에 방해 요소가 될 수 있다. 돈이 걸려 있으니 신경이 쓰이는 것이다. 특히 기술적 투자는 매 순간 차트의 모습을 주시하게 만들기 때문이다.

나 또한 주식에 한눈파느라 직장에서도 정신없고, 여행을 가서도 제대로 즐기지 못한 적이 있다. 계속 차트를 보느라 바빴기 때문이다. 내가 투자한 기업에 대한 뉴스가 뜰 때마다 매매하기 바빴기 때문이다. 직장인이 주식투자에서 성공적인 수익을 얻기 위해서는 매 순간 신경을 써야 하는 투자는 피해야 한다.

04

뉴스를 보고
주식을 사지 마라

뉴스를 통해 흘러나온 정보가 사실인지 거짓인지 파악하는 데는 시간이 걸린다. 따라서 뉴스를 보고 바로 매수나 매도를 하게 되면 후회할 가능성이 크다. 우리나라의 소득불평등이 세계에서 가장 심하다고 대통령이 말했다. 그리고 그 소식을 많은 신문들이 앞다퉈 기사로 다뤘다. 하지만 〈중앙일보〉에서 실제 조사한 지니계수에 의하면, 156개 국가 중 28위로 우리나라보다 불평등한 국가가 120여 개 국가나 많다. 정치적인 뉴스에는 우리가 인정하고 싶진 않지만 정치적으로 이용되는 뉴스가 많기 때문이다.

뉴스나 기사도 누군가는 팩트를 편집해서 내보내야 한다. 어떤 면을 강조하는가, 아니면 어떤 맥락으로 이야기하는가에 따라 다르게 받아들여질 수 있기 때문이다. 의도된 편집, 단어 하나의 차이가 내 판단에 영향을 주기 때문이다. 그래서 장이 열려 있는 시간에 뉴스를 보고 바로 매수나 매도를 하게 되면 후회하는 경우가 많다.

나는 뉴스를 보고 현대글로비스 주식을 매수했었다. 지배구조 개편 뉴스가 떴기 때문이다. 과거 삼성은 제일모직과 삼성물산의 합병으로 주가가 크게 올랐었다. 그랬으니 글로비스도 그렇게 될 것이라 생각했다. 재벌가의 뜻대로 현대 모비스와 글로비스가 합병된다면, 글로비스 주가는 크게 올라갈 것이 뻔했기 때문이다. 하지만 투자 4개월 후 모비스에 외국계 지분이 많아 합병이 무산되었다. 외국인 주주들이 대기업의 일감 몰아주기를 비판하며 반대한 것이다. 나는 뉴스만 보고 투자 물량을 계속 투입하다가 손실을 봤다.

개별 주식은 변수도 많지만, 한 가지 이슈나 토픽의 영향도 크게 받는다. 그리고 한 기업에 투자하면 위험이 분산되지 못하는 약점이 있다. 그렇다고 많은 기업의 주식을 사도 관리하기 힘들다. 직장에 다니면서는 각 회사의 소식을 찾아내고 공부할 시간이 부족하기 때문이다.

정보의 시기 문제도 있다. 나는 이제야 읽은 기사가 이미 누구나 아는 정보일 가능성이 크다. 인터넷 메인 포털사이트를 통해 접하게 된 뉴스는 많은 사람들이 보고 난 후의 뉴스라고 생각하는 것이 좋다. 내가 가장 먼저 알아낸 소식이라고 생각하고 투자하면 마음만 다친다. 뿐만 아니라 내 계좌 잔고도 다친다.

나는 여름에 증시 뉴스에서 태풍이 올 것이니 재해 테마주가 뜰 것이라는 기사를 봤다. 그래서 폐기물 처리 회사 주식을 샀다. 재해 테마주를 산 것이다. 하지만 태풍이 왔을 때도 주가는 변동이 없었다. 그래서 나는 수습 처리를 할 때 오르려나 보다 하고 기다렸다. 그래도 주가는 내가 샀을 때보다 오르지 않고 그대로였다. 결국 나는 내가 산 주가와 비슷한 가격대에 주식을 팔아 버렸다.

수익을 내려면 나는 남들보다 빨리 이 주식을 사서 태풍에 대한 긴장감이 고조되었을 때 팔았어야 했다. 하지만 내가 샀을 때 이미 주가는 올라간 상태였다. 팔았을 때는 주식을 산 가격과 비슷한 가격대로 내려간 때였다. 뉴스를 통해 소식을 접해야 하니 개별 테마주의 매수, 매도 시기를 맞추기 어려웠다.

뉴스 기사에는 시각의 차이가 존재한다. 같은 소식이어도 전하는 매체에 따라 해석이 다르다. 같은 이슈를 긍정적으로 이야기하는 매체가 있고, 부정적으로 이야기하는 매체가 있다. 같은 시각이어도 각 이슈마다 보도하는 매체에 따라 온도의 차이도 있다.

우리에게는 기사를 통해 판단하는 데 시간이 필요하다. 매 순간 뜨는 기사를 보고, 그 매체에서 말하는 뉘앙스를 그대로 받아들일 수 있기 때문이다. 그렇게 주식을 매수하거나 매도하면 잘못된 방향으로 투자할 확률이 있기 때문이다. 그렇기 때문에 여러 기사를 찾아보는 것이 좋다. 그리고 다른 나라에서 쓴 기사도 함께 찾아봐야 한다. 최대한 객관적인 사실이 무엇인지를 파악해야 한다. 그리고 주가에 가장 영향을 주는 소식이 무엇인지 판단해야 한다. 그렇기 때문에 뉴스에 따라 그때그때 거래를 할 수 없는 것이다.

주식투자자들이 가장 싫어하는 것은 악재보다도 불확실성이다. 오히려 악재가 실현되어 불확실성이 해소되면 주식은 그때부터 다시 오른다. 처음 주식을 할 때는 이 점이 도저히 이해가 안 되었다. 하지만 이제 모두가 아는 악재는 더 이상 악재가 아니라는 것을 안다.

박근혜 대통령이 탄핵된 다음 날부터 코스피 지수가 상승했다. 불확실했던 요소가 해소된 것이다. 그 이전에 대통령을 탄핵해야 한다는 촛불집회가 열리고 국가 내 분열이 일어났을 때는 지수가 요동쳤다. 외국의 언론 매체들은 연일 우리나라 상황에 대해 보도했다. 그러자 나라의 운영에 대한 불확실성으로 우리나라 주가는 하락했다. 정치적인 뉴스는 경제의 큰 흐름을 바꾸진 않는다. 다만 그 안에서 변동성을 줄 뿐이다. 그래서 나는 개인 투자자들이 뉴스를 보고 두려움에 주식을 팔 때 아무런 거래를 하지 않았다. 주식을 사지도 팔지도 않은 것이다.

주식에 대한 확신이 없는 투자자들은 뉴스에 크게 흔들린다. 그것이 정치적인 뉴스일 경우에도 그렇다. 마치 나라가 망할 것처럼 연일 보도되는 뉴스를 보고 있으면 나도 빨리 모든 주식을 정리해야 할 것만 같다. 그래서 팔고 나면 불확실성이 해소된 후 주가는 안정을 찾는다. 그때 가서 후회해 봐야 이미 손실을 보고 주식을 팔았으니 되돌릴 수 없다. 긍정적인 뉴스보다 위기에 대한 뉴스는 더 빠르고 크게 번진다.

우리 신체가 건강하기 위해서는 운동, 식습관, 정서적 안정 등 모든 것을 긍정적으로 유지해야 한다. 하지만 한번 아파 본 사람들은 안다. 얼마나 쉽게 우리 몸이 무너질 수 있는지 말이다.

주식투자를 하는 심리도 비슷하다. 주식 수익을 얻을 수 있을 거라는 희망을 갖는 것은 연일 뉴스에서 증시가 오르고 있다고 보도한 후다. 주식투자로 돈을 벌었다는 소리가 주변에서 들리고 난 후다. 긍정에 긍정을 더해 한참 신호를 주고 난 후에야 반응하는 것이다. 하지만 대부분의 사람들은 위험하다는 소식에는 빠르게 반응한다. 불안감은 빠르게 우리의 정신을 잠식하고 행동하게 만든다.

나는 회사에서 보험영업을 할 때 이 사실을 알았다. 사람들은 불안하고 두려운 부분은 필요성을 인식하고 빠르게 결정을 내린다. 화재보험을 팔 때인 겨울에 뉴스에서 한참 화재 소식이 전해졌다. 그때 나는 굳이 화재보험에 대해 많은 설명을 열심히 하지 않았다. 그래도 하루에도 두세 건씩 고객을 유치했다. 화재보험이 필요하다는 것을 인식한 고객들이 알아서 가입해 준 것이다.

하지만 내가 아무리 우리 회사 보험의 장점을 설명해도 고객들은 들으려고조차 하지 않는다. 이미 고객들은 많은 보험을 보유하고 있거나 보험에 대한 이미지가 안 좋기 때문이다. 그런데 수명의 연장과 치매에 걸려 힘들어하는 가족들의 이야기를 하면 많은 고객들이 관심을 갖는다. 불안과 위기에 대처해야겠다는 필요성의 인지는 적극적인 행동을 유도하기 때문이다.

우리는 본능적으로 위험과 걱정을 더 크게 해석하는 경우가 많다. 그래서 불안에 휩싸이면 빠져나오기가 쉽지 않다. 미래는 알 수 없기 때문에 그에 대비하고 싶은 것은 당연하다. 하지만 그것이 우리의 현재를 너무 희생하거나 망치게 두어선 안 된다. 보험에 가입하는 것이든 주식에 투자하는 것이든 중요한 것은 현재의 나에게 주는 가치다. 그 투자가 오늘 나를 더 나은 상태로 만들어 주고 있는가를 생각해 봐야 한다는 것이다.

지금도 나는 뉴스를 보고 바로 매매하지 않는다. 주식을 하다 보면 자연스럽게 경제 뉴스에 신경이 곤두선다. 그러다 보면 위험한 일이 생기지는 않을까 두려움이 이는 것이다. 그러니 시시각각 올라오는 뉴스에 따라 매매 선택을 하지 말길 바란다. 우리에게는 안 좋은 뉴스가 더 확대 해석되어 인식되기 때문이다. 투자 원칙을 지키고 주식투자를 할 때 길고 크게 보는 눈을 가질 수 있다.

05

무조건적인 장기투자는
독이 된다

주식을 넣어 둔 것도 잊어버리는 투자자들이 있다. 한 강의 시간에 주식에 관심이 있는 사람들에게 주식투자를 해 본 적이 있냐고 물어보았다.

"주식을 사 보긴 했는데 지금 계좌가 있는지도 모르겠어요."
"저도 그냥 사 두기만 한 주식이 있습니다."

그중 2명이 사 놓고 계좌를 보지도 않았다고 대답했다. 어떻게 투자해야 할지 모르니 무조건 묻지 마 장기투자를 한 것이다. 나중에 계좌를 열어 봤을 때 생각보다 많이 불어 있는 잔고를 상상하며 긁지 않은 복권처럼 주식을 했을 것이다. 하지만 그 잔고가 뉴스 기사에 나왔던, 삼성전자 주식을 사 놓고 한참 후에야 찾았다는 할머니의 잔고처럼 되어 있을 확률은 굉장히 희박하다. 내 주식이 그렇게 될 것이라고 기대하며 소액이니 그냥 잊고 사는 것일 뿐이다.

주식투자도 관심을 먹고 자란다. 아무도 살지 않는 집에는 사람의 기운이 없어 집도 빨리 상한다. 어떤 투자든 성공한 사람들은 남들보다 몇 배의 관심과 열정을 쏟은 사람들이다. 그냥 넣어 두고 남의 돈인 것처럼 여긴다면 그대로 남의 돈이 되는 것이다. 장기투자라고 해서 관심을 꺼도 된다는 의미는 아니다. 투자를 운에 맡기는 행동은 복권 구매와 다를 것이 없다. 내 돈 1,000만 원을 투자해 놓고 손해가 커지면 "아, 운이 없었네." 하고 말아 버릴 것인가. 힘들게 몇 달을 벌어 모은 돈을 아무렇지도 않게 손해를 보면서 운용한다면 평생 부자가 될 수 없는 마인드를 가진 것이다.

오히려 시장의 큰 흐름에 따라 비중 조절에 신경 쓰는 것이 훨씬 더 이익이다. 나는 주식 계좌를 2개의 명의로 운용한다. 하나는 남편 명의, 하나는 내 명의다. 남편 명의로는 장기로 가져갈 나라 지수 ETF를 사 두고 거의 매매하지 않는다. 그리고 내 명의로 된 계좌로 중·단기 플랜을 가져간다. 이렇게 하면 주식투자를 할 때 변동성을 최소한으로 줄일 수 있다. 가장 안전하고 확실한 지수를 장기로 가져가게 되는 것이다.

내 명의의 계좌에도 총 3개의 계좌가 열려 있다. 주식 매수용 종합계좌, 총알 비축용 CMA 계좌 그리고 선물/옵션용 계좌다. 계좌별로 운용하면 좋은 점이 많다. 나는 공격적인 투자 성향을 가지고 있다. 때문에 자물쇠를 걸어 두어야 한다. 종합계좌에는 적립식으로 주식을 사 넣고, CMA 계좌에는 현금을 모아 둔다. 이렇게 계좌를 따로 운용하니 장기투자의 안 좋은 점이 보완되었다. 투자 스타일에 따른 만족도도 커졌다.

투자하다가 갑자기 목돈이 필요한 경우가 생긴다. 전세자금을 올려 주어야 한다거나, 갑자기 고가의 뭔가를 사야 할 수도 있다. 하지만 그 시기에 주식으로 수익을 내려면 시간이 좀 더 걸린다고 하자. 그럴 경우 손해를 보고 팔아야 한다. 그렇기 때문에 주식과 현금 비중을 잘 조절하는 것이 주식투자의 성공률을 가르는 것이다.

하지만 장기투자를 위해 넣어 둔 종목은 정작 필요할 때 뺄 수가 없다. 무조건 오래 보유하면 수익이 날 거라는 생각에 넣어 놓은 주식이 대부분이다. 그런데 중간에 손해가 클 때 빼게 되면 결국에는 시간도 돈도 날리는 셈이다. 그렇기 때문에 무조건적인 장기투자는 독이 될 수 있다. 투자 자산에 대한 비중 조절을 하며 장기적으로 투자해야 하는 것이지, 장기로 그냥 묻어두어서는 안 된다는 것이다. 나는 갑자기 목돈이 필요한 시기에는 CMA 통장의 잔고를 사용한다. 그런데 이번에 갑자기 여러 가지 일이 겹쳐 목돈이 크게 들어가게 생겼었다.

나는 가지고 있는 선물을 팔아야 할지, 기존의 마이너스통장을 써야 할지 고민했다. 손실을 감내하고 지금 당장 파는 비용이 이자를 고정시키고 대출이자로 계산해 보니 16년치 이자였다. 그래서 나는 이자율 4.2%의 마이너스통장을 사용했다. 그리고 네 달 동안 이자를 20만 원 냈다. 하지만 그사이 내 선물계약은 손실 1,000만 원에서 평가 손익 550만 원으로 올랐다. 나는 곧바로 수익을 실현했다. 그리고 지금은 변동성 조절을 위해 선물계좌를 해지했다. 내가 팔고 싶은 시기에 주식을 팔 수 있는 힘은 바로 이런 유동성 자금을 확보해 두는 데 있다. 그러므로 주식투자를 오래 하기 위해서는 주식과 현금의 비중에 항상 신경 써야 한다.

주식투자를 하면서 나는 살아 있음을 느낀다. 역동적인 주식시장에서 분석하고 원칙을 세워 투자하는 공부가 재미있고 설렌다. 그저 일하는 기계처럼 직장에서 받는 월급만으로는 충족되지 않는 무언가가 있다. 그런 만큼 주식을 통해 내가 자본을 굴려서 또 다른 수익 파이프라인을 만든다는 것은 정말 멋진 일이다. 그런데 그냥 넣어 두고 관심도 갖지 않고 아무 노력도 하지 않는다면 그것은 정말 녹슨 파이프라인이 될 것이다. 결국에는 녹물이 나오거나 부식되어 사용하지 못하는 생산라인이 될 것이다.

주식으로 내 삶이 변했다. 세상을 보는 눈이 달라진 것이다. 내 인생에서 금값이 얼마인지, 원유 가격이 왜 변동했는지가 이렇게 중요한 이슈가 될 줄은 꿈에도 몰랐다. 심지어 미국에 있을 때보다 더 미국 경제정책에 주목한다. 그리고 중국과 일본, 브라질, 유럽의 뉴스와 소식에 귀 기울이게 된다. 막연하게 소식만 접하던 때와 달리 우리나라 주가와 연결 지어 생각하게 된다.

언제 무엇을 얼마만큼 담아야 할지 이슈를 종합해서 생각해 본다. 그리고 그것을 판단해 투자했을 때 어떻게 흘러가는지 차트를 보며 분석하는 것이 즐겁다. 수치로 나타나는 데이터는 과거 분석용으로 도움이 된다. 차트가 앞으로의 방향을 점찍어 주진 못한다. 하지만 이슈와 사람들의 심리가 녹아 있다. 때문에 어떤 이유로 그렇게 되었는지를 알아 두면 적절히 대응하는 힘을 기를 수 있다.

금은 오랜 기간 인류의 안전자산이었다. 하지만 금 지수를 보면 몇십 년 동안 제자리인 것을 알 수 있다. 만약 장기투자자가 금에 투자해 20년 동안 가지고 있었다면 돈은 벌지 못하고 물가 대비 오히려 손해를 본 것이 된다. 그런데도 매 시기마다 돈의 흐름이 있다는 것을 고려하지 않고 옛 투자법만 고집한다면 자본증식을 크게 이룰 수 없다.

잠시 동안 금 가격이 오르는 시기가 있다면 나는 금 지수를 사서 올라간 시기에 처분한다. 그렇게 하면 나는 금으로 수익을 실현한 것이다. 그런데 그냥 금붙이를 들고 있는 사람들은 아무런 대응도 하지 못한다. 장기투자라는 명목으로 집의 한 공간을 금에 내줄

뿐이다. 월세도 받지 못하고 금덩이에 수납공간만 내주는 것이다.

돈은 마치 거대한 생물같이 움직인다. 주식을 하면서 돈의 흐름이 얼마나 중요한지 깨달았다. 그것이 투자의 가장 핵심이라는 것을 알게 되었다. 그리고 개별 주식이 아닌 시장으로 눈을 돌렸다. 그러고 나니 투자를 어떻게 해야 할지 윤곽이 잡혔다. 나는 주식투자에서 돈의 흐름과 영향을 주는 이슈들이 가장 중요하다고 생각한다.

반도체 시장이 부진하고 업황이 좋지 않다는 글보다는 외국인 자금이 며칠 동안 유입되었다는 기사에 훨씬 더 눈이 간다. 외국인이 장세를 움직이는 시장에서는 기업의 가치나 업황은 중요 투자 포인트가 아니다. 수경 원의 돈을 움직이는 외국인 투자자들에게는 시가 총액이 높은 주식을 쓸어 담는 것이 한국의 지수를 끌어올리는 수단이다. 그렇기 때문에 그냥 삼성전자와 SK하이닉스 주식을 사는 것이다. 그런데도 매일 지수의 상승과 함께 하이닉스의 깜짝 주가 상승, 반도체 시장 상저하고 예상, 반도체 고점론 등 업황에 관한 기사들만 잔뜩 뜬다.

무조건적인 장기투자를 하면 이런 돈의 흐름이 움직이는 길목에 있을 수 없다. 뒷방에서 뒷짐 지고 기다리다가 수익을 이미 저 멀리 떠나보내는 것이다. 우리가 관심을 기울여 언제든지 자본을 타고 함께 우상향할 준비를 해야 하는 이유다. 그리고 그러려면 주식 파이프라인에 관심을 가지고 애정을 쏟아야 한다.

06

첫 월급으로
꼭 주식을 사라

월급이 소중할수록 주식투자를 해야 한다. 첫 월급은 자신이 사회에 첫발을 내디뎌 제값을 했다는 가치증명이다. 그래서 첫 월급은 그 자체만으로도 의미가 크다. 익숙하지 않은 일을 시작해 많은 도전 끝에 번 돈이기 때문이다. 그런 생애의 첫 월급을 한 번에 써버리거나 기억에 남지 못하는 일로 날리지 않았으면 한다. 소중할수록 더 크게 오래 함께할 수 있는 방법이 주식투자다. 그리고 주식투자를 시작하면 내 돈의 가치만큼 자본의 성장도 함께 누릴 수 있다.

내가 회사에서 첫 월급을 받았던 날을 잊지 못한다. 수습 직원으로 3개월간 100만 원 정도의 월급을 받았다. 그리고 지점장님 등쌀에 못 이겨 첫 월급 턱으로 장어와 커피를 30만 원어치를 샀다. 한 번에 월급의 3분의 1이 날아간 것이다. 그리고 나머지 월급은 어떻게 했는지 기억도 안 난다.

나는 직장에 다니고 2년 후에 주식을 시작했다. 그전에는 우리 회사 통장에 적금, 예금, 출자금으로 돈을 계속 모았다. 내가 취업한 이후 금리는 계속 낮아졌다. 인플레이션은 계속되는데 1%대까지 저금리 현상이 계속된 것이다. 영업시간에는 진상 고객을 상대하며 지쳤고, 상사의 다그침에 힘들었다. 그리고 야근을 견뎌 가며 받는 월급이 제대로 굴러가지 못하고 있다는 생각이 들었다. 그러다 학교 선배의 한마디에 그동안 믿어 왔던 상식을 깨고 주식을 시작하게 된 것이다.

내가 처음 돈을 번 것은 수능을 마치고 방학이었을 때다. 인생에서 가장 큰 시험이라고 생각했던 수능이 끝났다. 나는 사회에 한 걸음 더 내디뎌 보고 싶었다. 그래서 집 앞의 작은 슈퍼에서 아르바이트를 시작했다. 같은 아파트에서 사는 아주머니가 부동산을 하시면서 바로 옆에 작은 슈퍼도 운영하고 계셨다. 당시 아파트 단지가 새로 생겨 주변에 편의 시설이 없었다. 그래서 부동산도 바쁘고, 작은 슈퍼였지만 손님도 꽤 되었다. 나는 당시 최저 시급 4,000원보다 훨씬 더 많은 시급 5,000원을 받았다. 하루 4시간을 일하고 한 달 만에 받은 월급이 50만 원이었다. 내 인생의 첫 월급이었다.

나는 월급을 받자마자 집으로 달려가 엄마에게 봉투째 드렸다. 드디어 나도 인정받는 사회 구성원이 된 것 같은 기분이었다. 그렇게 며칠이 지나고 나서 엄마에게 내가 드렸던 돈을 어떻게 했는지 물었다. 엄마는 돈을 한참 찾아보셨다. 그러시다가 그 돈을 받고 집 안 어딘가에 잘 놔뒀는데 도저히 모르겠다고 하시는 것이 아닌가. 우리는 한참 돈을 찾다가 포기했다.

처음에는 내가 열심히 번 돈을 쓰지도 못하고 그렇게 잃어버렸 다는 것이 속상했다. 차라리 선물을 사 드릴 걸 싶었다. 그렇게 나의 첫 월급은 자취를 감췄다. 그리고 몇 달 후, 엄마는 부엌 서랍 밑에 빠져 있던 월급봉투를 찾으셨다. 그리고 대학에 간 나에게 쓰라며 다시 주셨다.

이것저것 필요한 것을 사다 보니 50만 원은 금세 사라졌다. 잃어 버린 것보다는 더 의미가 있었을 것이다. 하지만 지금 생각해 보면 어디에 어떻게 썼는지도 모르겠다. 내가 만약 2009년 대학교 신입생 때 50만 원으로 주식을 샀다고 하자. 그러면 아직까지도 내 첫 월급을 자본의 형태로 가지고 있었을 것이다. 심지어 훨씬 더 큰 수익으로 불어나서 말이다.

주식투자를 시작하고 월급이 들어오면 그것으로 주식을 살 수 있다는 것이 기뻤다. 월급이 들어올 때마다 사고자 했던 주식을 샀다. 그리고 적당량은 수익을 보면 매도했다. 조금씩 늘려 간 투자 자금이 목돈이 되어 계속 커졌다. 투자 자금이 늘어날수록 수익도 상승했다.

내가 주식투자를 한다고 하면 열이면 아홉은 이렇게 말한다.

"우리 집은 아버지가 주식으로 몇 억을 날리셔서 정말 힘들었어요⋯. 정말 주식으로 성공할 수 있는 건가요?"

주식에 대한 안 좋은 기억이 있거나 돈을 잃은 주변 사람들의 이야기를 듣곤 두려움이 앞서는 것이다. 그래서 본인은 정작 한 번도 주식을 사 보지 않은 사람들이 많다.

주가가 떨어질까 봐 두려운 주식은 붙잡고 있을 필요가 없다. 그런 주식은 결국에는 그동안 주변에서 본 것처럼 우리에게도 엄청난 손해를 끼칠 수 있다. 나는 주가가 떨어질까 봐 안절부절못하는 주식에는 투자하지 않는다.

처음부터 내가 월급을 확신을 가지고 투자한 것은 아니다. 어떤 주식을 사야 하는지, 언제 사야 하는지도 몰랐다. 하나부터 열까지 주식에 대해서는 모르는 것뿐이었다. 그리고 3년 동안 수없이 많은 시행착오를 겪었다. 그 과정에 큰 고통도 있었다. 단 며칠 만에 평가 손실 1,000만 원을 본다는 것은 한 달을 고생해 300만 원을 버는 직장인인 나에게 엄청난 투자 실패였기 때문이다.

그 당시 주식 잔고를 보고 있자니 잠도 안 오고 식욕도 떨어졌다. 그렇지만 내가 왜 주식을 시작했을까 하는 후회는 되지 않았다. 욕심 때문에 크게 데였지만 나는 주식이 부의 창출 수단이 될 수 있음을 알고 있었기 때문이다. GDP의 51%가 이미 만들어진 부에서 창출된 부라는 것이 객관적인 수치로 증명되고 있다. 그럼에도 불구하고 자본이 자본을 만들어 내는 시스템을 모른 채 많은 직장인들이 노동 생산성에만 집중한다. 하지만 자본과 화폐의 부의 창출 시스템을 알아 버린 나는 주식투자를 포기하는 것이 더 이상했다.

그동안 시간과 비용을 들여서 자리를 잡은 투자 원칙과 주식투자 방법이 지금의 수익을 만들어 주었다. 나는 손해를 봤다고 해서 주식시장을 바로 떠나지 않았다. 실패를 통해 투자관이 더욱 확고해졌다. 그 결과 주식을 통해 안정적으로 꾸준히 수익을 올릴 수 있다. 그리고 월급만으로 자산을 늘리는 것보다 지금 주식투자를 하는 것이 훨씬 더 노후 대비에 도움이 된다는 사실을 깨닫는다.

내 대학교 친구들과 한때 비트코인 투자를 했다. 2018년은 비트코인, 암호화폐가 휩쓸고 간 해다. 2012년 대학을 다닐 때 교수님이 수업시간에 우리에게 암호화폐에 100만 원만 묻어 두어 보라고 말씀하셨다. 그때 처음으로 비트코인이라는 말을 접했다. 하지만 그 순간에는 교수님이 무슨 말을 하는지 몰라 아무도 집중하지 않고 흘려들었다. 그리고 2018년 비트코인 광풍이 불면서 동창들은 다 같이 코인 시장에 뛰어들었다.

그 엄청난 광풍 속에서 나는 돈이 얼마나 형체를 알 수 없고 거대한 양을 갖추고 있는지 경험할 수 있었다. 모 아니면 도가 되는 투자가 얼마나 광기적인 열기를 내뿜는지 직접 경험했다. 그리고 투자에 있어 절대적인 원칙은 내가 두려움을 느끼지 않는 것이라는 점을 뼈저리게 느꼈다.

한 달에 한 번 받는 월급으로 매달 암호화폐에 투자한다고 하자. 그러면 나는 엄청난 변동성에 하루도 코인 차트를 보는 것에서 떠나지 못할 것이다. 그리고 광풍이 휩쓸고 간 자리는 굉장히 공허하다. 많은 투자자들이 시장을 떠나고 거래량도 줄었다. 아예 포기한 채 투자한 돈을 내팽개쳐 버리는 투자자들도 생겼다. 투자가 아닌 도박을 한 결과다. 결국 암호화폐에 투자한 나에게 남는 것은 반토막이 되거나 빈털터리가 된 잔고와 희망이 보이지 않는 터널이다. 언제쯤 다시 수익을 낼 수 있을 거라는 확신이 없는 것이다.

첫 월급으로 주식을 사고 꾸준히 투자하는 데는 주식으로 수익을 창출할 수 있다는 확신이 있어야 가능하다. 평범한 직장인인 내가 주식투자 책을 쓰고 있다. 그것도 주식으로 얻은 수익이 안정적이었고 기쁨이 되었기 때문이다. 그리고 그동안 내가 겪은 실패와 시행착오가 초보투자자들에게 도움이 될 것이라고 믿기 때문이다. 나는 이제 막 간호사가 된 친척 동생에게도 다른 데 월급을 쓰지 말고 주식을 사라고 했다. 아직 나이가 어린 만큼 빨리 시작할수록 수익도 커지기 때문이다.

시간이 갈수록 자본에 투자한 자금은 눈덩이가 되어 돌아온다. 화폐시스템과 자본주의를 따르는 국가 안에서는 같은 패러다임으로 돌아가기 때문이다. 그것을 모르고 무작정 투자를 하면 두려움이 앞선다. 사업을 하거나 새로운 공부를 시작할 때 두려워하거나 망설이면 앞으로 나아갈 수 없다. 하지만 그렇다고 무작정 뛰어들면 크게 다칠 수도 있다. 그래서 나보다 먼저 그 길을 간 사람에게서 조언을 얻어야 한다.

시간이 흐를수록 빠른 속도로 증가하는 자본소득. 그것을 누리기 위해서는 빨리 시작할수록 좋다. 어차피 할 것이라면 가장 의미가 깊은 첫 월급으로 시작해 보는 것은 어떨까.

07

월급은
주식투자를 위한 총알이다

주식시장이라는 전쟁터에서 내게 주어진 총알을 한 번에 다 써서는 안 된다. 그렇게 되면 정작 중요한 시기에 제대로 기회를 잡을 수 없다. 직장인은 월급의 일정 부분을 적금 넣는 것처럼 주식에 투자한다고 생각하는 것이 좋다. 기간을 분산시킬 수 있는 최적화된 방법이다. 물론 주식투자자들 중 상당수가 쌀 때 사서 비쌀 때 팔고자 하기 때문에 이 방법에 물음표를 던질 것이다. 하지만 그렇게 주식투자를 해서 과연 얼마나 많은 개인 투자자들이 돈을 벌었는지 묻고 싶다.

시장이라는 거대한 파도를 거슬러 빨리 가려고 하는 사람들 대부분은 큰 파도에 좌초되고 만다. 하지만 조금씩 위험을 분산시켜 시장의 파도를 같이 타고 가는 사람들은 절대 무너지지 않는다. 주식이 위험성이 있다는 것을 인정하고 투자해야 한다면 적어도 우리는 그 위험을 이겨 낼 전략을 가지고 접근해야 한다. 그렇게 당하고도 왜 그것에 맞서 싸우려고 하는지 이해는 된다. 욕심 때문이다. 그렇지만 가장 안정적이고 빠르게 가는 길이 있다. 그런데도 욕심에 눈멀어 장님이 된 채로 스스로 힘든 길을 갈 필요는 없다.

　직장을 다니면서 받는 월급을 한 달에 한 번씩 주식투자 자금으로 활용하자. 그리고 그것을 가장 분산되어 있는 지수ETF에 기간을 분할해 꾸준히 투자할 수만 있다면 누구보다 강한 전략을 가진 것이다. 개별 주식이나 파생상품의 엄청난 수익률에 비하면 지수투자는 지루해 보일 수 있다. 끝없는 욕심이 눈을 가려 투자가 아닌 도박을 하게 되는 이유다.

　인간이기 때문에 두려움과 탐욕이 생기는 것을 막을 수는 없다. 그렇기 때문에 우리는 목표와 원칙을 뚜렷이 세워야 한다. 내가 이 투자를 해 망하는 지름길에 들어서고 싶지 않다면 앞서 투자에 실패한 사람들의 길을 밟지 않으면 된다.

　수많은 투자자들이 갖고 있는 생각이 있다. '내가 시장을 이길 수 있는 종목을 알아낼 것이다'라는 생각이다. 그것이 가치투자다. 그리고 시장 타이밍을 잡아내 최고의 수익을 올릴 것이라고 다짐한다. 그 밖에도 주식으로 대박을 낼 것이다. 수익률이 가장 높은 전문가들을 쫓아다니며 그 방법을 쫓을 것이다. 그렇게 모든 것을 걸고 투자하면 주식 부자가 될 것이다. 그런 환상에 빠진다. 이런 환상이 머릿속에 있기 때문에 주식투자로 성공한 개인 투자자가 극히 드물 수밖에 없는 것이다. 나 역시 처음 투자를 시작하고 나서 수도 없이 겪은 시행착오들이다.

처음 주식을 할 때 월급이 들어오면 카드 값을 내고 난 모든 돈으로 주식을 매수했다. 그것도 나누지 않고 계속 한 번에 매수했다. 그렇게 매수하고 나면 항상 정말로 주식을 사고 싶을 때는 살 수 있는 돈이 없었다. 지금 눈앞의 불확실성만 지나가면 올라갈 것이 확실했다. 하지만 현금 조절에 실패해 대응할 수가 없었다.

시장은 예기치 못하게 기회를 줄 때가 있다. 그때를 위해 우리는 현금이라는 총알을 비축해 두어야 한다. 그렇게 현금을 일정 부분 보유하고 있는 투자자들은 주식시장에서 산전수전 다 겪은 고수들이 대부분이다. 초보투자자들은 보통 가지고 있는 투자 자금을 모두 주식에 투자해야만 안심한다. 왠지 현금으로 가지고 있으면 주가가 나를 두고 저 멀리 떠나 버릴 것 같기 때문이다. 현금을 들고 있으면 괜히 불안해지는 것이다.

현금만큼 언제든 쓸 수 있는 총알은 없다. 주식시장에는 언제든지 큰 조정이 올 수 있다. 예기치 못한 사건이 터지면 예상했던 것보다 더 큰 하락이 온다. 그럴 땐 현금을 들고 쉬어야 한다. 관망하는 것도 투자의 방안이다. 조정은 우리가 생각했던 것보다 더 길어질 수 있다.

나는 트럼프가 무역전쟁을 시작할 때 시장 지수의 5배로 움직이는 선물계약을 샀다. 미국의 연방준비위원회는 2016년 이후 금리를 계속 올렸다. 이것은 달러지수의 약화가 나타날 가능성이 커졌다는 이야기였다. 그렇게 되면 자본이 신흥국 시장으로 이동해야 했다. 하지만 트럼프라는 복병이 나타났다. 그리고 무역전쟁으로 전 세계 금융시장이 하락했다. 특히 중국과 우리나라의 지수는 무려 20% 가까이 빠졌다. 금융위기도 아니고 경제시스템 위기도 아닌, 정치적인 이슈로 엄청난 폭락이 온 것이다.

하지만 분명 미국과 중국은 서로 협상할 것이었다. 중국은 궁극적인 문제는 애써 외면하면서 미국의 협상을 받아 주고 있었다. 하지만 국가부도의 위기를 막기 위해서 중국은 미국이 가장 원하는 위안화 절상을 받아들일 수밖에 없을 것이었다.

2016년 이후 신흥국 증시는 몇 배로 올라갈 확률이 컸다. 그렇지만 중·단기적인 리스크로 인해 큰 하락이 온 것이다. 이 문제가 해결될 기미가 보이자, 내 선물계약의 하락분은 모두 만회되었다. 오히려 수익으로 돌아섰다. 그리고 나는 한 계약을 남기고 모든 선물을 수익을 보고 처분했다.

만약 내가 총알을 마구 쓰지 않고 비중을 제대로 조절했다면 훨씬 더 안정적이고 큰 수익을 얻었을 것이다. 단기적인 이슈로 이렇게까지 하락할 줄 알았다면 나는 분명 내 총알을 이때 더 쏟았을 것이다. 하지만 이미 자산의 대부분을 주식으로 가지고 있는 상황이었다. 실탄을 이미 다 날려 버린 것이다.

기회는 항상 우리 눈앞에 있다. 모치즈키 도시타카의 책《보물지도》에는 중간에 눈을 감고 집 안에 있는 빨간색 물건을 세어 보라는 대목이 나온다. 나는 시키는 대로 눈을 감고 기억을 더듬어 세어 보았다. 하지만 딱 하나, 인형의 옷 부분만 생각났다. 우리 집에는 전혀 빨간 물건이 없는 것 같았다. 그리고 다시 눈을 뜨고 찾아보니 냉장고에 붙어 있는 전단지, 쇼핑백, 탁상 위의 책 등 빨간색으로 된 물건이 많았다. 그것이 내가 보지 못하고 지나친 기회라고 생각할 수 있다. 그처럼 우리는 주변에 있는 기회들을 인지하지 못한 채 흘려보내고 있다.

주식시장에서 기회는 언제든지 온다. 어느 순간에만 존재하는 것이 아니다. 지금 이 기회를 잡지 못하면 평생 수익을 못 보는 구조가 아니기 때문이다. 그렇기 때문에 언제든지 오는 이 기회들을 잡기 위한 가장 현명한 방법은 총알을 비축해 두는 것이다. 그랬다가 적절할 때 쓰는 것이다.

언제든지 추세에 따라 시장에는 기회가 열려 있다. 처음 투자할 때는 언제 주식을 사야 할지 몰랐다. 그냥 사고 싶을 때 무조건 조금씩 사서 모았다. 그 시기가 지수가 계속 오르던 시기였던 것은 행운이다. 그리고 곧 나는 하락 시기를 경험했다. 시장에서 수익을 내기 위해서는 언제든지 투자할 수 있는 자금이 있어야 한다. 직장인은 매달 월급이 들어온다는 것이 가장 큰 무기다.

월급을 만약 1년 연봉으로 계산해 한 번에 받는다면 나는 참지 못하고 더 많은 분량을 한 번에 투자하고 말았을 것이다. 지금까지 가장 참기 어려웠던 것이 있는 돈을 다 투자하고 싶은 욕심을 견디는 것이었다. 아예 처음부터 내게 돈이 분할되어 들어오니 그나마 다행이다. 위험을 강제로 분산시켜 주니 말이다. 나처럼 스스로 자물쇠를 채워도 가끔 고삐 풀린 망아지가 되는 투자자에게는 이런 환경적인 자물쇠가 최고의 특효약이다.

직장인의 월급은 주식투자에서 두 가지 강력한 장점을 갖는다. 바로 '분할 매수'와 '일정량'이다. 위험을 분산시키기 위해 기간을 나누어 사는 분할 매수와 매달 일정한 금액의 투자가 가능한 것이다. 직장인의 월급은 주식을 계획해서 완벽하게 나누어 사기 딱 좋은 조건이다.

주식은 부동산이나 토지보다 환금성이 좋다. 매도 후 다른 종목 매수가 바로 가능하다. 현금 인출은 영업일 2일 후에 가능하다. 적당한 수익을 보고 목돈이 필요한 시기가 오면 현금으로의 전환이 쉽게 되는 것이다.

그렇기 때문에 직장에 다니며 자산의 비중을 조절하는 데 주식만큼 좋은 투자 자산은 없다. 목돈이 모일 때까지 굳이 기다리지 말고 투자를 시작하자. 매달 들어오는 월급이라는 총알을 사용할 적절한 시기가 언제인지 궁금한가? 010 3667 3885로 연락하면 최적의 시기를 알려 줄 수 있다. 언제든 다가올 투자 기회를 놓치지 않고 잡을 수 있도록 철저한 전투전략을 세워 주겠다.

08

기업은 망해도
나라는 안 망한다

1997년도에 아빠가 다니던 회사가 부도났다. 회사에서는 1조 9,000억 원 규모의 자산을 매각했다. 그 밖에도 계열사 축소, 인원 감축까지 단행하며 위기 극복을 위해 노력했다. 하지만 기업 부도를 막을 수는 없었다. 칼바람이 불던 당시 일곱 살이었던 나는 그림 그리기를 좋아해서 미술학원을 다녔었다. 하지만 엄마가 더 이상 다닐 수 없다고 했다. 그리고 그림공부는 돈이 많이 드니 학교공부를 열심히 하라고 하셨다.

통계청 자료에 따르면, IMF로 1998년도에만 127만 명이 일자리를 잃었다. 집값은 폭락했고 주식도 반 토막이 났다. 한국의 30대 기업 중 17개가 해체되었다. 자살률이 50%나 상승했다. 성장률은 -6.7%를 기록했다. 온 국민이 겪어야 했던 이 국가부도의 사태는 공포였다.

개별 기업에 투자한다는 것은 세 가지 문제를 안고 있다. 첫째는 바로 생존율이다. 한국무역협회에 따르면 한국 기업의 5년 생존율은 27%다. IMF를 통해 우리는 당시에는 절대 망할 수 없을 것 같았던 대기업들이 사라지는 것을 목격했다.

만약 개별 기업에 투자했다가 금융위기가 온다면 정말 휴지가 된 주식을 들고 허망해할 것이다. 하지만 금융위기 후에도 살아남은 기업들과 혁신적인 기업들이 생겼다. 그에 따라 나라 지수는 경기 회복에 따라 상승했다.

내가 나라 지수에 투자하는 가장 큰 이유다. 세계 금리가 떨어지면 나는 지수 상승 시 따라 올라가는 레버리지ETF를 줄일 것이다. 그러곤 지수 하락 시 올라가는 인버스ETF를 살 것이다. 하지만 개별 주식은 모두 처분할 것이다. 어떤 기업이 살아남을지 도저히 판단할 수 없기 때문이다.

둘째는 개별 주식의 변동성과 비용의 문제다. 증시 전문가마다 이런 장세에는 이 종목이 유망하다며 수십 개의 종목을 추천해 준다. 그렇지만 그 종목들 모두 변동성을 체크하며 주식 잔고를 관리하기에 우리는 너무 바쁘다. 그리고 처분할 때 증권거래세와 거래비용이 수익을 크게 갉아먹는다. 들어가는 노력 대비 실질 수익률이 좋지 못한 것이다. 특히 변동성이 큰 종목일수록 끝이 좋지 않다.

때문에 과감하게 나의 포트폴리오에서 빼야 한다.

마지막으로 개별 종목으로는 분산에 한계가 있다. 주식시장에 상장되어 있는 기업들의 주식을 최대한 많이 보유하면 할수록 투자는 분산된다. 하지만 이것이 우리에게 얼마나 머리 아픈 일인지 가지고 있는 종목이 많아질수록 알게 될 것이다. 내가 가지고 있는 주식이 한눈에 수익 상태인지 손실 상태인지 판단할 수 있어야 전략을 짤 수 있다. 그런데 어떤 주식이 어디서부터 손실이 나서 잘못된 것인지 양이 너무 많으면 판단하기 힘들어질 수 있다. 그러면 이내 주식투자를 포기해 버릴 수 있다. 공부는 치열하게 해야 하지만 단순하게 투자해야 성공률을 높일 수 있다.

시장이라는 나라 지수에 투자하는 것이 상식적으로 가장 안전하다. 위기에 어느 기업이 살아남을까 고민하느니 차라리 그 시간에 시장에 투자하는 것이 가장 현명하다. 경기 불황과 호황에 따라 수많은 기업들이 생겨나고 없어진다. 그에 따라 경제는 계속 발전해 왔다. 시장 지수ETF에 투자하는 것은 방금 앞에서 본 개별 주식 투자의 단점을 모두 상쇄해 준다.

우리는 내가 산 기업의 주식이 휴지 조각이 될까 봐 두려워하지 않아도 된다. 시장에 상장되어 있는 모든 회사가 망할 확률이 과연 몇 %나 될지 생각해 보면 알 수 있는 일이다. 또한 시장 지수ETF 의 경우 종합소득세는 면제되고 수수료는 개별 주식 매매의 절반도

되지 않는다. 그리고 가장 큰 이익은 개인이 할 수 있는 가장 완벽한 분산투자를 할 수 있다는 것이다.

내가 투자한 하나의 기업이 망할 확률이 높을지, 아니면 내 나라가 망할 확률이 높을지는 여러분 각자 판단해 보라. 그리고 조금이라도 실패 확률이 더 낮은 쪽에 투자를 시작하면 된다.

태어나자마자 우리는 어느 한 나라의 국민이 된다. 기본적으로 부모의 국적에 따라 나라가 정해지는 것이다. 나는 한국에서 태어나 한국인으로 컸음을 크게 인식하며 자라지는 않았다. 사람이라고 명명하면 주변의 한국인들이 먼저 떠올랐을 뿐이다. 그러다 태어나 처음으로 미국이라는 땅에서 홀로 생활하게 되었다. 그러면서 나는 국가와 나라란 무엇인가 생각하게 되었다.

국가 또는 나라의 사전적 정의를 살펴보자. 일정한 영토를 차지하고 조직된 정치 형태, 즉 정부를 지니고 있으며 대내외적으로 자주권을 행사하는 정치적 실체를 일컫는다. 국가를 구성하는 세 가지 요소는 영토, 국민, 주권으로 본다. 인간이 존재하고 역사가 있는 한 가장 기본적으로 존재해 온 집단이다.

자신의 영토와 국민 주권을 지키기 위해 지구상의 모든 나라는 전력을 다한다. 그렇다면 우리는 이 나라 지수에 투자하는 것이 개별 기업에 투자하는 것보다 훨씬 더 안정적으로 자본을 굴리는 방법임을 알 수 있다.

나는 한국인이다. 그렇기 때문에 내가 가장 잘 아는 나라도 한국이다. 어려서부터 일제 치하의 우리 선조들이 얼마나 치열하게 이 나라를 독립시키기 위해 노력했는지 역사책에서 배웠다. 고등학교 때 시험기간이면 근·현대사 교과서를 읽을 때마다 눈물을 흘렸다. 10년마다 민족 말살 방법을 바꾼 일제강점기를 외우며, 일본 사람들에 대한 분노가 마치 내가 그 일을 당한 사람처럼 솟구쳤다.

그리고 독재정권에 맞서 싸우며 피 흘린 내 또래의 청년들은 어떻게 목숨까지 걸고 민주화를 이루어 낼 수 있었을까 생각에 잠겼다. 자유를 향한 염원은 어느 시대에나 있었다고 생각한다. 왕의 통치를 받던 시대에도, 다른 나라의 식민지였던 시대에도, 독재정권의 시기에도 말이다. 그런데 이제는 거대 자본의 통치를 받는 시대다. 문제는 우리 눈앞에 드러난 실체를 파악하기가 어렵다는 것이다. 그럼에도 불구하고 우리는 계속 자본과 금융을 파고든다. 어디서부터 우리의 자유가 구속된 것인지 문제점을 파악하려고 노력한다.

세계가 모두 산업화되어 공장에서는 끊임없이 생산품을 만들어 낸다. 회사에는 문서 작업을 하는 직원들이 넘쳐 난다. 노동자들이 밤낮없이 일해 만들어 낸 서비스와 물품을 서로 팔고, 그 이득을 다시 분배한다. 그런데 분배는 옛날이나 지금이나 정치의 가장 핵심 요소가 된다. 이익이 쌓이는 곳이 대다수 국민들의 호주머니가 아니기 때문이다. 자본가와 대기업의 호주머니이기 때문이다.

오늘도 TV에는 맛집 정보가 넘쳐 난다. 어느 지역의 맛집 음식을 먹기 위해서는 한 시간도 넘게 줄을 서야 한다. 나도 먹는 것을 좋아해 남편과 여행을 다니며 맛있는 음식을 사 먹었다. 그런데 이제 베네수엘라의 하이퍼인플레이션을 볼 때마다 미국에서 식품안전협회에 다녔던 기억이 떠오른다. 미국은 드넓은 영토와 풍부한 자원을 갖고 있다. 그럼에도 불구하고 자국의 식품을 안정적으로 공급하기 위해 노력과 자본을 쏟는다.

베네수엘라가 경제위기로 굶주리고 있다. 정부는 부채를 줄여야 한다며 수입을 줄였다. 식량 해외 의존도가 60%에 달했던 베네수엘라는 혼돈을 겪고 있다. 국민의 90%가 끼니 해결을 못하는 빈곤에 시달리고 있는 것이다. 그로 인한 생활고로 치안이 불안해져 2년 동안 가장 위험한 국가 1위로 뽑히기도 했다. 이 나라는 불과 몇 년 전만 해도 세계에서 가장 행복한 나라 상위권에 속해 있었다. 미인이 많은 나라로 유명했었다.

식약처에 따르면 우리나라의 식품 수입은 작년 한 해 30조 원을 돌파했다. 자원과 식품의 무역체제를 안정적으로 유지하는 것. 자유경제체제에서 나라의 경제를 지켜 내는 것. 그것들이 국민의 생활과 안전을 지키는 데 가장 기본이 된다는 것을 알 수 있다. 대부분의 국민들은 배곯지 않고 나라의 보호를 받으며 살 수 있기 때문에 가만히 있는 것이다.

정부가 물가 안정에 힘쓰는 것도 국민경제를 혼란에 빠뜨리지 않기 위해서다. 많은 기업이 경쟁력에 따라 끊임없이 사라지고 새롭게 설립된다. 하지만 국가의 멸망은 엄청난 파급효과를 불러온다. 그렇기 때문에 나라의 정치를 비판하면서도 나라의 멸망을 바라는 국민은 없다. 국가라는 체제 안에서 우리는 더 나은 방향으로 나아가기 위해 수많은 시행착오를 겪으며 살아간다. 수많은 선조들이 목숨을 걸고 지켜 낸 나라다. 우리가 이 나라를 믿고 투자하고 발전시켜 나간다면 국가의 경쟁력도 시장도 강해질 수 있다고 믿는다.

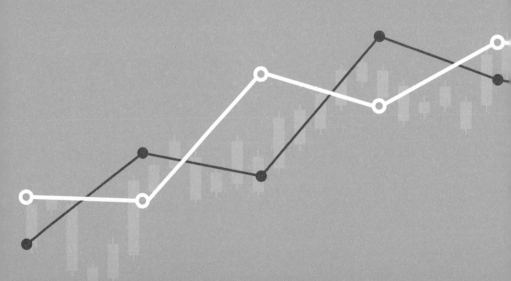

PART 3

평생 연봉 만드는 주식투자 7단계 원칙

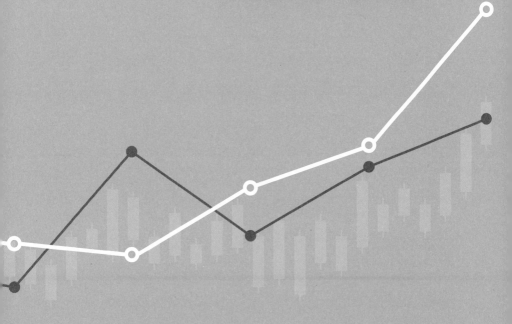

01

분할 매수를
반드시 지켜라

결혼하고 홈쇼핑을 즐겨 했다. 나에게 홈쇼핑을 알려 준 사람은 시어머니다. 어머님은 먹는 것부터 옷, 화장품, 가전제품까지 홈쇼핑을 통해 구매하셨다. 대량으로 판매하니 개별로 구입하는 것보다 가격이 저렴했다. 그리고 홈쇼핑 앱을 통해 구매하면 적립금이 많이 쌓인다. 하지만 그 적립금이 소멸되기 전에 또 다른 물건을 사야 했다.

홈쇼핑으로 물건을 사다 보니 문제는 크게 두 가지였다. 적립금이 없어지기 전에 구매해야 하니 당장 필요하지 않은 물건을 사게 된다는 것이다. 그리고 한 번 구매하면 대량이다 보니 우리 부부가 다 쓰지 못할 양이 올 때가 많았다. 그래서 지인들이 놀러 오거나 부모님 집에 갈 때 샴푸, 화장품, 고기들을 나누어 주었다. 그렇게 하다 보니 가계부를 봤을 때 생활비가 둘이 사는데도 생각보다 많이 나갔다.

물건을 살 때도 이렇게 대량으로 미리 사 두는 것보다 필요한 시점에 사는 것이 맞다. 그리고 한꺼번에 많이 사게 되면 놔둘 집의 공간도 부족해진다. 그러면 왜 주식은 분할 매수를 해야 하는 것일까? 가장 좋은 타이밍을 잡아 한 번에 사면 좋을 것 같은데.

주식을 분할 매수해야 하는 이유로는 크게 세 가지가 있다. 첫 번째는 위험을 분산시키기 위해서다. 주식시장은 누구나 알듯 변동성이 크다. 경기 변동에 따라 지수도 등락한다. 내가 주식을 사는 그 시점이 저점인지 고점인지 아무도 모른다는 것이다.

그렇다면 우리는 주식을 쌀 때 사서 비쌀 때 팔라는 말을 실천할 수 있는 것일까. 내가 계속해서 주식투자에 실패했던 이유는 아마 이 말 때문이 아닌가 싶다. 내가 싸다고 생각한 지점에서 매수하면 주가는 더 내려갔다. 그래서 결국 견디다 못해 손해를 보고 판 경우가 많다. 비쌀 때 파는 것도 쉬운 일이 아니었다. 주가가 생각했던 것보다 높이 올라가면 더 올라갈 것 같은 욕심에 쉽게 매도할 수 없었기 때문이다.

분할 매수를 하면 위험을 분산시킬 수 있다. 그리고 비중 조절에 따른 적절할 분할 매수는 엄청난 강점을 지니고 있다. 실제로 나는 매달 월급이 들어오면 증권사 CMA로 잔고를 옮긴다. 그리고 투자할 금액을 다시 증권사 어플에서 종합계좌로 옮긴다. 그런 후 점심 시간과 그 이후 시간에 두 번에 나누어 종목을 매수한다. 보통 코스피나 코스닥 지수ETF다. 갑자기 안 좋은 이슈로 시장의 지수가 내려가면 비중의 조절은 할지라도 매달 분할된 매수를 한다. 그렇게 하면 시장이 회복될 때 안정적으로 수익을 낼 수 있다.

무조건 코스피 2300에는 팔고 2000이 되면 사라는 말은 비현 실적이다. 그리고 매 순간 고점 구간과 저점 구간을 잡아서 한 번에 확 샀다가 팔았다 하는 것은 기계가 아니면 할 수 없다. 왜냐하면 우리는 감정이 있는 인간이기 때문이다. 그런 만큼 떨어질 땐 도저히 무서워서 담을 수 없고 고점으로 올라가면 욕심 때문에 팔 수 없는 것이다.

두 번째는 분할 매수가 밸런싱을 맞추기 좋기 때문이다. 내가 안전을 선호하는 투자자라서 주식 : 현금의 비중을 3 : 7 정도로 한다고 하자. 그런데 주식장이 좋아서 그 비율이 한 달 만에 4 : 6이 되었다. 그러면 나는 주식을 팔아 비중을 다시 3 : 7로 맞추고 수익을 실현할 것이다. 그리고 그달의 월급이 또 들어오면 자산의 파이가 커지게 된다. 반대로 주가가 내려가면 월급으로 다시 주식을 그만큼 더 매수해 그 비율을 맞추는 것이다.

단기간에 시세 차익을 보려는 투자자를 위한 방법은 아니다. 하지만 월급을 꾸준히 주식에 투자해 자본증식을 이루고자 한다고 하자. 그러면 이렇게 수익이 날 때는 수익 실현을 해 주고, 주식의 비중이 줄어들면 조금씩 나누어 매수해 비중을 맞추는 것이다. 그러다 보면 우리의 포트폴리오의 수익률 곡선에는 엄청난 효과가 나타난다. 그런데 많은 투자자들이 이 사실을 모르고 있다. 그래서 적립식 펀드에 가입하고 무조건적으로 자동이체를 해 둔다. 수수료로 펀드매니저들의 배를 불려 준다. 그렇게 본인은 아무런 신경을 쓰지 않은 채 하락시장에서의 손실을 정면으로 입고 있는 것이다.

주식시장이 횡보하고 있다고 하자. 그러면 내 주식은 한 달에 한 번씩 비중 맞추기를 하고는 있는 것이다. 하지만 내가 투입하는 자본의 크기는 더 커지고 있다. 그러다가 뉴스에 변동성이 터져서 수익이 나는 날이 왔다. 그러면 나는 다음 날 바로 시초가에 주식을 비율에 맞춰 매도한다. 그리고 월급날 또다시 밸런싱을 맞춘다.

반대로 주식시장이 흔들리는 이슈가 떠서 지수가 크게 떨어진 경우라면 다음 날 매도해야 할까? 나는 그런 경우 관망한다. 이미 쏟아져 나온 뉴스에 놀라 다음 날 아침 공포에 매도하면 손실만 확정되기 때문이다. 그리고 월급날이 되면 다시 비중을 맞춘다. 떨어진 순간에는 판단을 미루고 올라간 순간에는 수익을 실현해 나가는 것이다.

마지막으로 월급이 들어올 때마다 분할해 투자하는 방식은 꾸준히 주식을 할 수 있는 습관을 만들어 준다. 직장인들에게는 매달 월급이 들어온다. 그리고 그 돈으로 주식을 하기로 마음먹었다고 하자. 그러면 매달 주식을 어떻게 사야 할지 고민할 것이다. 투자 전략 없이 매달 다시 방법을 세워야 한다면 힘이 들 것이다. 그리고 방법이 복잡해지면 포기하거나 내 돈을 그냥 내팽개칠 수 있다. 이때 단순한 투자법이 오히려 꾸준하게 투자할 수 있는 힘이 된다.

이는 운동을 하는 것과 마찬가지다. 한 번에 과부하해 운동하는 사람들은 후유증도 크다. 그리고 쉽게 재미를 붙이지 못하고 그만둔다. 꾸준히 운동하는 사람들은 정해진 시간에 자신에게 알맞은 적정량으로 운동한다. 그것이 습관이 되고 건강한 신체와 정신력을 키워 준다. 주식투자도 한 번에 많은 것을 얻으려 하지 마라. 꾸준히 정해진 시간과 양을 투입하면 점점 더 늘어나는 잔고를 볼 수 있다.

월가에는 수많은 주식 부자들이 있다. '주식 명언'을 치면 자주 나오는 인물들도 많다. 하지만 그 많은 사람들이 다 같은 방법으로 주식시장에서 수익을 낸 것은 아니다. 제대로 된 전략 하나를 끝까지 믿고 가지고 가면 되는 이유다. 실패하고 어려움에 부닥쳐도 원칙은 흔들리지 않아야 한다. 주식으로 돈을 벌었다는 사람을 찾기 힘든 이유가 바로 이것 때문이다. 자신만의 원칙이 없으니 남들이 하는 대로 이리 흔들리고 저리 흔들리다가 강한 돌풍에 휩쓸려 가는 것이다.

이집트의 피라미드는 가장 오랫동안 무너지지 않고 서 있는 거대 건축물이다. 무려 4,500년 전에 지어졌지만, 단일 건축물 중 가장 부피가 크고 무겁다. 피라미드는 석회암과 화강암 블록 230만 개를 쌓아 올린 초대형 건축물이다. 그 피라미드를 보면 단계별로 마디가 존재한다. 그것이 피라미드에 오랜 기간 버틸 수 있는 힘을 주고 있는 것이다.

대나무에도 마디가 존재한다. 때문에 하늘 높이 자라도 바람에 쉽게 부러지지 않는다. 국내의 최고층 건물인 잠실 롯데타워가 있다. 이 건물에도 대나무의 마디처럼 40층마다 중심 기둥과 외벽을 대각선으로 연결하는 구조물이 설치되어 있다. 건물에 무조건 단단한 철근을 사용한다고 외부 환경에 무너지지 않는 것이 아니다. 높아질수록 마디로 유연성을 주는 것이 지진과 태풍을 견딜 수 있는 설계다.

주식시장에서는 외부 돌풍에 항상 대비해야 한다. 그러기 위해서 우리도 대나무가 마디를 이루듯이 투자해야 한다. 분할 매수가 바로 그 방법이다. 그래야 유동성을 충분히 확보해 유연하게 대응할 수 있다. 빨리 성공하겠다고 한 번에 매수해 위기에 무너져 버리면 다시 회복하기까지 너무 많은 시간과 아픔을 견뎌야 한다.

운 좋게 몇 번의 큰 수익을 얻을 수는 있다. 하지만 한 번에 크게 베팅하는 것은 결국에는 끝이 좋지 못하다. 더 큰 욕심으로 투자하다 보면 그 손실이 막대하기 때문이다. 오랫동안 주식시장에서 수익을 내는 성공한 투자자가 되기 위해서는 분할 매수를 반드시 지켜야 한다.

02

부화뇌동하지 말고
멘토를 따라라

부화뇌동은 개인 투자자들이 가장 쉽게 빠지는 함정이다. 내가 대학교 때 친구의 말을 따라 제약회사의 주식을 산 것처럼 말이다. 나는 이 원칙을 세우기까지 굉장히 많은 시행착오를 겪었다. 그리고 〈머니투데이〉의 기사를 읽으면서 내 모습을 보는 것 같았다. 다음은 그 기사 내용이다.

"D 증권회사의 서울 시내의 한 지점에서 약 3억 원 정도를 투자하던 K 씨(여)가 있다. 그는 10여 년 동안 우량 대형주에만 투자해서 꾸준한 수익률을 올리고 있었다. 그는 SK, POSCO, 삼성전자 등 우량 종목에만 투자해 25%의 수익률을 올렸다. 그가 매일 가는 영업점의 지점장에게서 잘하고 있다는 칭찬을 들을 정도였다. 하지만 조류독감의 바람을 타고 수산주들이 상한가 행진을 하자 그는 투자금의 일부로 수산주를 샀다. 그리고 운 좋게도 상당한 재미를 봤다.

그러나 첫 외도로 높은 수익을 낸 것이 불행의 시작이었다. 그동안 투자하던 우량주를 버리고 테마주를 사기 시작한 것이다. 그가 산 테마주들은 사는 때마다 폭락하기 일쑤였다. 손해가 커지자 손해를 만회하기 위해 미수를 쓰기 시작했다. 불과 6개월 만에 결국 계좌에는 투자금의 10%만 남아 3,000만 원이 전부가 되었다. 지점장이 이러지 말고 다시 과거처럼 우량주 중심으로 투자하라고 말렸지만 그는 지금도 손해를 만회하기 위해 테마주 위주의 투자를 하고 있다."

내가 처음 투자하며 했던 실수가 똑같이 기사에 담겨 있었다. 그 가장 큰 원인이 부화뇌동이다. 수익을 크게 내고 싶은데 어떻게 해야 할지 몰라 인터넷 검색 창에 테마주를 쳐 본다. 그리고 사람들이 급등한다고 하는 주식을 따라 산다. 그렇게 해서 운이 좋으면 수익이 나지만 대부분이 손해를 보게 된다. 테마주만큼 주식을 도박처럼 하는 법도 없을 것이다.

다행인 것은 테마주를 살 때 나는 정말 소액을 투자했다는 것이다. 처분한 후에는 절대 건들지 않았다는 것이다. 내가 샀던 테마주는 인터넷 검색을 통해 정보를 얻은 태풍 재해주였다. 그리고 다른 한번은 본인에게만 알려 준다는 증시 전문가에게 전화를 걸어 알아

낸 종목을 샀다. 이 전화를 하게 되면 시간을 연장해 들을수록 통화료가 올라간다.

주말에 그렇게 시간을 보내곤 그 주에 전문가가 알려 준 주식에 투자했다. 그래도 모르는 주식이니 굉장히 소액을 투자했다. 잘 알지도 못하는 사람 말만 듣고 내 돈을 맡길 수는 없었기 때문이다. 그리고 투자 끝에 내가 원칙 없이 남의 말만 듣고 투자하고 있다는 것을 알았다. 이렇게 해서는 절대 오랫동안 투자할 수 없을 것 같았다.

전문가라고 하는 사람들이 해 주는 말대로 투자하면 쉽게 두려움이 생긴다. 내가 판단하고 믿고 가는 투자 원칙이 아니기 때문이다. 가벼운 위기에도 그 사람이 잘못 추천해 줘서 망했구나 싶어 빠르게 주식을 처분하기 바쁘다. 그러곤 그를 욕하면서 다른 전문가를 찾는다.

코스닥시장을 이루는 대부분은 개인 투자자들이다. 개미투자자들은 작은 이슈에도 부화뇌동하기 쉽다. 근거 없는 루머에도 불나방처럼 몰려들어 가진 투자금을 모두 넣는 위험한 투자를 반복한다. 물건을 살 때는 가격표를 그렇게 꼼꼼하게 비교하면서 주식을 살 때는 한탕주의로 '몰빵'을 하는 것이다. 어디서 나오는 배짱인지. 아무런 원칙 없이 주식을 하면 그렇게 된다. 나도 처음 투자할 때 그랬다. 정말 다행인 것은 그때 엄청난 타격을 입지 않고 살아남았다는 것이다.

그래서 주식투자 초보자들에게는 원칙을 끊임없이 상기시켜 주는 멘토가 있어야 한다.

"개별 투자하지 마라."

"테마주 하지 마라."

"가장 보수적인 투자가 가장 빠른 길이다."

이런 원칙들을 머리로 이해하고 가슴에 와 닿을 때까지 조언해 줄 멘토가 필요하다는 말이다. 하지만 아무리 옆에서 말해 줘도 결국에는 자신이 깨달아야 한다. 그래도 제동장치를 걸어 줄 사람이 있다면 크게 다치지 않고 원칙을 세울 수 있다.

나는 살면서 내 인생에 큰 영향을 준 멘토들을 만났다. 막내 이모가 내 첫 번째 멘토였다. 이모는 인생을 살면서 얻은 깨달음을 가족모임 때마다 자연스럽게 나에게 말해 주었다. 그것이 사실이든 아니든 나는 살면서 직접 경험하며 그것을 깨달을 수 있었다. 그리고 미국에서 만난 토니가 있다. 중소기업을 이끄는 사장인 그는 나에게 끊임없는 배움의 중요성을 깨닫게 해 주었다. 또한 네트워킹이 얼마나 기업과 자신의 삶에 중요한 영향을 주는지 알게 해 주었다.

그리고 최근에 책 쓰기를 배우기 위해 갔던 〈한책협〉의 김태광 대표 코치가 있다. 그는 "성공한 사람이 책을 쓰는 것이 아니라 책을 써야 성공한다."라고 했다. 그렇게 그동안 내가 가지고 있던 상식을 깨고, 내 의식을 높여 주었다.

우리에게 멘토가 필요한 이유가 바로 이것이다. 멘토는 우리에게 방향을 알려 준다. 어떤 일을 하든 선택에는 후회가 있을 수 있다. 먼저 걸어간 사람들이 해 주는 이야기에서 우리는 많은 실수와 후회들을 들을 수 있다. 그리고 그 말들을 초석 삼아 우리는 우리의 인생에서 가장 큰 실수를 피할 수 있게 되는 것이다.

멘토는 또한 우리에게 꿈을 심어 준다. 내가 김태광 대표 코치를 만나고 가장 크게 달라진 것이 바로 꿈과 목표의식이다. 그동안 나는 내 한계를 스스로 만들었다. 그리고 절대 꿈조차 꾸지 못했다. 그런 일들을 이제는 당연하게 할 수 있다고 생각한다. 그전에는 주식으로 수익을 내는 것이 내 인생에 조금이나마 도움이 될 수 있을 것이라고 생각했다. 그렇지만 그것은 오로지 나의 부와 안정을 위해서였다. 나와 같은 어려움을 겪고 있는 재테크 초보자들에게 도움을 줄 수 있을 거라는 생각은 해 보지 못했던 것이다.

그리고 책을 쓰면서 꿈이 생겼다. 내 인생의 모토인 '빨리 가려거든 혼자 가고 멀리 가려면 함께 가라'라는 말처럼 나도 누군가의 인생에 도움이 되는 사람이 되고 싶어졌다.

멘토는 우리를 행동하게 한다. 내가 요즘 좋아하는 팝송 중에 〈You say〉라는 곡이 있다. 그 곡의 가사 중에 'You say I am loved when I can't feel a thing(내가 아무것도 느끼지 못했을 때 당신은 내가 사랑받는 사람이라고 말했죠)', 'You say I am strong when I think I am weak(나 자신이 한없이 약하게 느껴졌을 때 당신은 내가 강한 사람이라고 말했어요)'라는 부분이 있다. 이 말처럼 내 멘토들은 나에게 끊임없이 "너는 네가 생각하는 것보다 더 강하고 큰사람"이라고 조언해 주었다. 그 확신과 믿음으로 나는 망설임 없이 행동하고 실천했다.

우리에게 정말로 필요한 사람은 돈을 쥐어 주는 사람이 아니다. 돈을 버는 방법에 대해 자신의 원칙을 진실 되게 알려 주는 사람이다. 나는 우리 이모가 나에게 해 주었던 조언이 지금의 나에게 전부 맞지는 않는다는 사실을 안다. 하지만 그 조언을 듣고 실행에 옮겨서 얻은 경험이 지금의 나를 만들었다.

유치원 선생님이었던 이모는 아이들을 좋아했다. 하지만 그것이 직업이 될 때는 돈이라는 현실적인 문제에 부닥치게 된다고 했다. 그래서 나도 이모를 따라 금융권에 취업했다. 그리고 태권도 도장을 다니며 주말에 아이들과 함께하는 행사에서 내가 유치원 선생님이 되었다면 어땠을지 상상이 갔다. 국토대장정을 갔을 때 알았다. 아이들이 힘들다고 칭얼거리면 타이르다가 나도 지치고 아이들도 지친다는 것을. 아이들을 사랑하는 마음이 가장 중요하다. 하지만 그것만으로는 유치원 선생님이 되기가 힘들다는 사실을 깨달았다.

주식투자를 처음 시작하는 투자자라면 멘토를 만들어야 한다. 그래야 초보자들이 가장 쉽게 빠지고 헤어 나오기 어려운 부화뇌동이라는 적을 물리칠 수 있다. 멘토를 만들 때는 그 사람이 원칙을 가지고 사는 사람인지를 보면 된다. 아무런 원칙도 없이 이것 사라 저것 사라 하는 '족집게 도사'가 필요한 것이 아니기 때문이다.

장기적으로 내가 스스로 주식투자를 할 수 있도록 자립하는 방법을 알려 주는 사람이라면 최고의 멘토를 만난 것이다. 평생 그 사람이 언제 주식을 사고 무엇을 사라고 알려 줄 수는 없기 때문이다. 남의 말에 이리저리 흔들리는 투자자가 되어선 안 된다. 그러려면 원칙을 세우고 투자하는 길을 알려 줄 사람을 만나면 된다.

03

변동성이 큰 투자법일수록 초심을 지켜라

주식투자에서 어려운 것이 보수적인 투자법을 끝까지 놓지 않고 유지하는 것이다. 초심만 잘 유지한다면 주식 수익이 무너지지 않을 것이다. 내가 수익률을 좇아 3년을 돌고 돌아 찾은 답이다. 투자하다가 수익이 잘 나면 계속 욕심이 생긴다. 변동성으로 손해를 봤음에도 다시 또 더 큰 수익에 혹한다. 실수를 망각하고 같은 실수를 다른 종목으로 바꿔 타며 계속 반복하는 것이다.

막내 이모는 증권사에 다니면서 주식투자를 했다. 정확히 말하면 파생상품에 투자했다. 그리고 엄청난 변동성에 놀라 3,000만 원의 손실을 보고 주식을 그만뒀다. 그로 인해 이모부와 다투었다. 우리 엄마와 아빠는 대학생인 나에게 주식은 쳐다보지도 말라고 조언하셨다.

그런데 내 진로에 가장 큰 영향을 준 사람이 바로 우리 막내 이모다. 이모는 어려서부터 내가 되고 싶은 존재였다. 우리 엄마는 9남매다. 어려서부터 친척들은 포천 외할아버지 집에 모이는 날이 많았다. 같이 있으면 즐거웠다. 가족모임은 항상 즐거웠다. 그때마다 이모는 가족 체육대회를 열거나, 낚시대회와 같은 이벤트를 기획했다. 동네 운동장에서 체육대회를 열고 송어 축제, 바다며 산을 다니면서 가족들이 함께하는 데 이모는 큰 역할을 했다. 그리고 나는 그런 이모가 유치원 선생님을 하다가 만화가가 되고, 마지막에는 증권회사에 취업하는 과정을 지켜보았다.

대학에서 경영학을 전공하던 내가 금융권에 눈을 돌리게 된 시기도 막내 이모가 증권회사에 취업했던 시기였다. 도전을 좋아하고 사람들에게 즐거움을 주는 이모의 마인드를 닮고 싶었다. 그래서 금융회사는 어떤 곳인지 궁금했다. 그러다 대학교 3학년 때 학교에 하나은행 팀장님이 찾아왔다. 그분은 대강당에서 은행PB(프라이빗뱅커, 자산관리사)에 대해 소개해 주고 장점을 설명해 주는 강의를 했다.

그리고 그해 여름 나는 바로 하나은행 인턴에 지원해 일할 수 있는 기회를 잡았다. 은행에서 일하고 있는 직원들이 매일 야근하고 힘들어하는 모습을 보면서 '아, 이 일이 아닌가' 싶기도 했다. 고객들을 안내하며 사람을 만나는 일이 나에게 맞는 것도 같았다. 소리를 지르는 고객들을 보며 나는 은행 창구에서 일하는 직원들이 겪는 어려움을 보았다. 때로는 과일을 사 와서 하나씩 건네주는 고객에게 따뜻함을 느꼈다.

기쁨과 고충이 함께 있는 직장이라는 것과 실적 압박, 직장 내 상하관계에 대해 어렴풋이 느꼈다. 하지만 그때는 심각하게 고민하지 않았다. 뭐든지 궁금하면 경험해 보고 결정하면 된다고 생각했다. 내가 어떤 일을 하면서 살게 되든 지금의 내 경험이 도움이 될 것이라고 생각했을 뿐이었다. 꼭 은행이나 증권사에 취업해야겠다는 마음은 없었다. 그래서 나는 바로 다음 해에 새로운 도전을 위해 미국으로 떠난 것이다.

주식투자를 시작하고 지수투자로 돈을 벌던 나도 막내 이모처럼 파생상품에 눈을 돌렸다. 같은 투자를 해도 몇 배의 이익을 볼 수 있을 것 같다는 생각 때문이었다. 잘 알지도 못하는 투자들을 무슨 배짱인지 나는 매번 무조건 시도해 보았다. 돈을 잃을 것 같다는 두려움보다는 어떻게 해서든 부자가 되고 싶었다.

파생상품인 선물과 옵션은 변동성이 굉장히 크다. 지금까지 투자하면서 가장 크게 손해를 보고 흔들렸던 것이 바로 이것들이다. 처음 주식투자를 시작하고 나서 더 많은 수익률을 위해 건드린 신용, 선물, 옵션 거래가 얼마나 위협적인지 주기적으로 겪었다.

제일 먼저 시도한 탐욕적인 투자는 신용거래다. 개별 주식을 매매할 때 신용으로 주식을 살 수 있다. 내가 그만큼의 돈이 없어도 일정 담보 비율을 유지하면서 이자를 내고 주식을 매수하는 것이다. 나는 투자를 시작한 지 단 한 달 만에 포스코 주식을 여러 번 신용으로 거래했다. 그러다 한두 번 수익이 나자 더 큰 베팅을 하게 되었다.

하루는 회사에 출근해 9시가 되자마자 신용으로 매수할 수 있는 포스코 주식 수량을 전부 사들였다. 나는 고객이 창구에 앉아 있는데도 계속 휴대전화로 주가를 보고 싶었다. 불안함은 극에 달했고, 업무를 도저히 할 수가 없었다. 그러다 이렇게 아무것도 못하느니 그냥 손해를 보더라도 신용거래는 하지 않아야겠다고 생각했다. 그리고 그것이 내 마지막 신용거래였다.

나는 단 한 시간 만에 100만 원을 잃었다. 큰돈을 잃을까 봐 무서워서 계속 가지고 있지도 못할 것 같았다. 결국에는 개인 투자자들이 신용으로 종목을 매수할수록 기관의 공매도로 주가가 내려갈 수 있다는 사실도 알았다.

그다음의 탐욕투자는 옵션거래다. 옵션은 하루에도 변동성이 마치 롤러코스터 같다. 콜옵션은 지수가 오르면 오르고, 풋옵션은 지수가 내리면 오른다. 금융위기에 풋옵션 2만%의 수익이 났다는 기사가 바로 이것이다. 그래서 지수가 횡보하는 기간에는 둘 다 손실이 발생한다. 변동성이 클 때만 터지는 것이다. 주식시장에서는 상당 기간이 횡보하는 기간이다. 손해를 보지 않으려면 시시때때로 매매를 해 주어야만 한다.

나는 차트를 계속 보면서 매수, 매도 타이밍을 알려 주는 고수가 운영한다는 투자 단톡방에 들어갔다. 거기에서는 그 사람이 알려 주는 대로 매매하는 투자자들이 매일 매매 결과를 올렸다. 하지만 나는 도저히 그 순간 매수나 매도를 할 수가 없었다. 업무를 보다가 시간이 났을 때 잔고를 보면 어느 순간 이른바 투자자들 용어로 옵션이 '녹아' 있었다. 뜨거운 여름날 아이스크림을 들고 햇빛 아래서 천천히 먹다 보면 녹아 줄어드는 아이스크림처럼 잔고가 줄어든 것이다.

옵션거래는 회사에 다니면서 투자하는 나에게 결국 손실을 주었다. 매 순간 변동성을 잡아야 하기 때문에 차트에서 눈을 뗄 수가 없어 시간도 낭비하고 돈도 잃었다. 투자해 본 결과 소모적인 투자라는 생각이 들어 옵션은 짧은 시간에 손을 뗐다.

마지막 정점을 찍은 탐욕투자는 선물이다. 선물은 미래 시점의 시세를 예상해서 거래하는 것이다. 선물은 한 계약을 사면 레버리지가 4~5배가 커 더 큰 수익을 올릴 수 있다. 엄청난 레버리지 효과를 가지고 있다. 물론 그 반대의 경우에도 몇 배의 손실이 발생한다. 그래서 가장 욕심이 커진 순간 열심히 강의와 모의 트레이딩 시간을 수료한 후 선물을 거래할 수 있었다. 그만큼 위험이 크기 때문에 증권시장에서 제한을 두는 것이다. 그럼에도 불구하고 나는 수익 욕심에 겁 없이 뛰어들었다.

내가 선물계약을 시작한 시점이 마침 트럼프의 미-중 무역전쟁 이슈가 발생하기 직전이었다. 나는 그동안의 달러 약세로 신흥국 시장에 자본이 들어오기 시작하면 코스피 지수도 더 오를 것이라 믿었다. 그래서 큰 이익을 위해 선물계약을 하기로 결심했다. 그리고 거래를 위한 모든 준비를 마치고 시작한 것이 그 시점이었다. 그 결과 나는 생전 처음 보는 평가 손실을 겪었다. 결국에 무역전쟁 이슈가 사라지고 나면 코스피가 안정을 찾을 것이라는 사실을 알면서도 선물 손실은 내 모든 이성을 마비시켰다. 주식을 포기하고 부동산을 했어야 하나 후회하는 순간이 온 것이다. 하지만 그 덕분에 자기계발을 하며 10개월을 보내면서 책을 쓰게 되었다.

그리고 몇천만 원의 선물 손실을 견뎌 내고 결국 550만 원의 수익을 보고 빠르게 정리했다. 내가 선물계약을 정리하고 난 후에도 지수는 더 올랐지만, 미련은 없었다. 그동안 나는 변동성으로 너무 큰 고통을 겪었기 때문이다. 변동성이 클수록 초심을 꼭 지켜야 한다는 사실을 알았기 때문이다.

이 끝없는 욕심 덕분에 나는 다시 처음으로 돌아올 수 있었다. 종목을 바꿔 가면서 더 큰 수익을 노려 봤지만 결국에 답은 지수 ETF였다. 꾸준히 안정적인 수익을 내는 것이 결국에는 가장 큰 수익이었다. 처음 결심했던 순간에는 내가 원칙을 잘 지킬 수 있을 것이라 믿었다. 하지만 욕심이 생길수록 점점 더 수익과 멀어진 것이었다. 이 사실을 모르고 헤매는 개인 투자자들은 계속 시간과 돈을 쓰면서 고통을 겪고 있다.

04

주식에 대한 원칙을
끝까지 지켜라

《삼국지》에서 위나라를 이끌던 조조는 현재 그 리더십으로 기업을 이끄는 CEO들의 주목을 받고 있다. 조조는 세상을 지배하는 관건이 '사람사업'이라는 사실을 확실히 알고 있었다. 이 내용은《조조처럼 대담하라》라는 책에 자세히 나온다. 조조에게는 인재 등용에 대한 네 가지 원칙이 있었다.

1. 기존의 가치와 관행에 얽매이지 않는 창조적인 발상
2. 오직 능력을 위주로 한 인재 등용과 적재적소 활용
3. 파격적인 포상과 일벌백계의 신상필벌
4. 때가 왔을 때 우물쭈물하지 않는 신속 과감한 결단

조조는 모든 문제에서 인재를 최우선으로 생각했다. 인재를 등용할 때 스펙에 얽매이지 않았다. 오로지 능력을 보고 인재를 택했다. 한 가지라도 재능이 있는 사람에게 관심을 가졌다. 그리고 일단 등용하면 역량을 발휘하도록 적소에 배치하고 철저하게 보상해 주었다. 그는 이러한 원칙을 죽는 날까지 지켰다.

중국 역사상 가장 영향력 있는 인물 중 하나로 태평천국의 난을 진압한 증국번이 꼽힌다. 그는 "나는 평생을 두고 영웅 조조를 배우고자 했다. 그러나 그러하지 못했다!"라고 말했다. 21세기의 세상은 각박하다. 청년들은 취업하기 위해 고군분투하고 50대는 명퇴를 한다. 엄마들은 아이를 남들보다 더 나은 아이로 키우기 위해 육아전쟁을 한다. 모든 이들이 자신만의 전쟁을 치르고 있는 것이다. 이런 시대에 조조가 새롭게 조명되고 있는 것이다.

조조가 집착에 가까울 만큼 인재에 관한 원칙을 지켰다는 사실이 감명 깊었다. 원칙은 일관되게 지켜야 하는 기본 규칙이다. 상황에 따라 수시로 바뀌는 것이 아니다. 지금 당장은 손해를 보더라도 일관되게 지켜야 하는 규칙인 것이다. 투자에 성공한 사람들은 다 자신만의 원칙을 가지고 있다. 그리고 어떠한 상황에서도 흔들리지 않고 그 원칙을 끝까지 지킨다.

내가 가지고 있는 주식에 대한 원칙은 다음 일곱 가지다.

1. 분할 매수는 반드시 지킨다.

2. 주식에서 가장 큰 적은 '부화뇌동'이다.

3. 변동성이 클수록 초심을 지킨다.

4. 돈 다 잃고 깨닫지 말고 천천히 정석대로 간다.

5. 개인은 시장을 이길 수 없다.

6. 비용을 줄이는 것이 수익률을 높이는 것이다.

7. 이 원칙을 끝까지 지킨다.

그래서 나는 시장 지수를 추종하면서 비용이 가장 적게 드는 ETF를 하는 것이다. 그리고 뉴스를 보고 부화뇌동하지 않기 위해 바로 매매하지 않는다. 주식을 한 번에 사지 않기 위해서 명의의 계좌를 나눠서 매수하는 스스로의 잠금 장치도 걸어 두었다. 이러한 방법들은 어떻게든 원칙을 지키기 위한 사투 끝에 내가 얻어 낸 것이다.

나는 두려움과 욕심이 생길 때마다 원칙을 되새긴다. 그리고 지금의 판단이 원칙을 벗어나지 않은 것인지 나에게 물어본다. 그러면 대부분 벗어날 때가 많다. 특히 타이밍을 봐서 주식을 더 사고 싶을 때가 많기 때문이다. 모바일로 주식거래를 하는 엄지족에게는 손가락 단속이 우선이다. 매수를 누르는 순간 되돌릴 수가 없으니 말이다.

그럴 때마다 원칙이 있다는 것은 도움이 된다. 그리고 장기적으로 투자의 승자가 될 확률을 크게 높여 준다. 전략은 바꿀 수 있지만 원칙은 바꾸지 않는다. 상황에 따라 쉽게 바뀌는 원칙은 진짜 원칙이 아니다. 그것은 진짜 내 원칙을 찾는 과정일 뿐이다.

우리는 많은 사회적 규칙을 지키며 살아간다. 우리도 모르게 당연히 그렇게 해야 한다고 여기는 것들이다. 가령 초록불에 횡단보도를 건너기로 한 것이나, 음식물 쓰레기는 규격화된 봉투에 버리기로 한 것들이다. 어떨 때는 이 원칙을 지키지 않는 순간들도 있다. 그랬을 때 나에게 또는 남에게 미칠 영향을 생각해 본다.

사회적인 규칙과 원칙은 질서를 만든다. 그리고 그 안에서 사람들이 안정감을 느끼고 생산적인 활동을 하도록 돕는다. 우리가 정한 룰을 모두가 아무렇지 않게 어기게 된다면 단 하루도 못 가 엄청난 불안감으로 혼돈이 올 것이다.

주식투자의 세계에서 원칙을 세우고 투자하는 것도 같은 맥락이다. 내가 내 자산의 룰을 세우고 지켜야 끝까지 수익을 안전하게 가져갈 수 있다. 원칙을 어기면 자산이 순식간에 무너지는 일은 쉽게 일어난다.

밤늦게까지 공부해야 하는 고등학생 때부터 철학에 대한 호기심이 생겼다. '아무런 목적 없이 공부하며 무조건 1등을 해야만 정말 행복할까? 사람은 도대체 무엇으로 사는 걸까? 나는 누구일까?'라는 질문들이 계속 나를 좇아왔다. 그래서 대학교에 가자마자 신청한 교양 과목이 '동양철학의 이해'와 '서양철학의 이해'였다. 고대부터 이 세상을 살면서 치열하게 자신에 대해 고민해 온 사람들은 답을 알 것 같았다.

동양철학에서 나는 노자의 사상이 가장 좋았다. 그는 우주의 만물에 대해 최초로 생각한 중국의 철학자다. 그는 그것을 '도'라고 했다. 노자는 "우울한 사람은 과거에 살고, 불안한 사람은 미래에 살고, 평안한 사람은 현재에 산다.", "가지 않으면 이르지 못하고, 하지 않으면 이루지 못한다. 아무리 가깝게 있어도 내가 팔을 뻗지 않으면 결코 원하는 것을 잡을 수 없다."라는 말을 했다.

나는 행동으로 실행하는 배움과 지혜를 좋아한다. 생각에만 멈추면 배우지 못한 것과 마찬가지라 생각하기 때문이다. 현재를 가장 충실하게 사는 방법은 지금 이 순간 내가 배운 것을 실행하는 것이다. 원하는 모습이 있다면 그 모습을 충분히 생생하게 상상해야 한다. 그리고 어떻게 하면 그리 될 수 있을지 생각나는 대로 실행하는 것이다.

서양 철학가 중에서는 니체를 좋아했다. 니체는 "실제의 세상은 상상의 세상보다 훨씬 작다.", "그대가 아무것도 성취하지 못했을지라도 자신을 존경하라. 거기에 상황을 바꿀 힘이 있으니.", "지혜가 없는 지식은 아무 쓸모가 없지만, 지식과 지혜를 갖고서 행동하지 않는 것 역시 아무 쓸모가 없다."라는 말을 했다.

니체의 말처럼 내가 생각하고 상상하는 세상보다 내 눈앞에 펼쳐진 세상은 작다. 그렇기 때문에 나는 더 크게 생각하고 가슴 뛰는 일을 상상한다. 그리고 그것을 이룰 수 있는 방법을 끝없이 실행하며 나아간다. 이렇게 철학자들의 사상을 읽으면 단 한 줄의 문장이 가지는, 길고 오랜 사유 끝의 깨달음을 함께 얻을 수 있다.

주식투자를 하며 남의 원칙을 지키는 것은 어렵다. 나의 오랜 사고 끝에 얻어진 깨달음이 아니기 때문이다. 그렇기 때문에 내가 왜 주식을 하는지 목적을 찾고, 그것을 이루기 위한 방법을 실행해 봐야 한다. 머리로만 이해하고, 눈으로만 읽은 투자법은 절대 지켜질 수 없다. 내 가슴을 치며 깨달은 원칙은 강하게 각인된다. 그리고 확신을 가질 수 있다. 이 원칙이 내 투자 수익을 끝까지 지켜 낼 수 있는 힘이 된다는 확신을.

05

돈 다 잃고 깨닫지 말고
천천히 정석대로 가라

나는 처음에 300만 원으로 시작했던 ETF 투자로 2년간 꾸준히 수익을 얻었다. 계속되는 수익 실현에 자신감이 생겼다. 투자금은 억대를 넘어서게 되었다. 그러던 중 파생상품인 선물/옵션을 알게 되었다. 파생상품은 많게는 2만%까지 수익이 나는 엄청난 변동 시장이다. 나는 다시 또 욕심이 났다. 그곳에서 나는 '탐욕에 눈먼 돼지가 가장 먼저 잡아먹힌다'라는 큰 교훈을 얻었다. 한동안 손실로 인해 일도 손에 안 잡히고 밤에 잠도 안 왔다. 변동성이 클수록 원칙을 지키기 힘들다는 것을 큰 비용을 치르고서야 알게 된 것이다.

트럼프가 무역전쟁을 일으키기 전, 내 주식은 계속 수익이 나고 있었다. 코스피 레버리지를 이용해 2배의 수익을 보고 있었다. 하지만 선물시장을 알고 난 후, 나는 몇 배의 수익을 더 올릴 수 있다는 욕심에 눈이 멀었다. 그리고 하루라도 더 빨리 상승선을 타기 위해 급하게 선물계약을 샀다. 선물 한 계약을 사고 나서, 다음 날 바로 140만 원의 수익이 들어왔다. ETF만 했을 때보다 훨씬 더 빠르게 들어오는 수익이 놀라웠다. 그리고 이틀 뒤 나는 선물을 더 샀다. 그렇게 계약은 생각했던 것보다 늘어났다.

그러나 그 후 트럼프가 트위터에 중국에 대한 관세 폭탄을 이야기하기 시작했다. 그러자 걷잡을 수 없이 손실이 늘어났다. 트럼프가 벌인 싸움은 미국과 중국 어디에도 도움이 되지 않는다. 싸움이 계속될수록, 중국은 국가부도의 위기에 직면한다. 미국 또한 기축통화인 달러로 경제를 지탱하고 있으니, 무역전쟁으로 달러의 입지가 좁아지면, 경제 시스템에 위기가 온다. 그래서 나는 곧 싸움이 끝날 것이라 생각했다.

하지만 길고긴 싸움으로 인한 선물 투자에서의 손실은 나를 두려움으로 몰아넣었다. 계산이 되지 않는 손실이 두려웠다. 일도 손에 잡히지 않았다. 그렇게 밥을 좋아하던 내가 점심식사도 거르고, 트럼프 관련 뉴스만 찾았다. 이러다가는 생활이 모두 망가지겠다는 생각이 들었다. 그래서 무역 분쟁 완화 후 손실이 약간 회복되었을 때 나는 한 계약만 남긴 채 선물을 모두 처분했다. 이 경험을 통해 내가 감당할 수 있는 만큼의 변동성에만 투자해야 한다는 것을 아프게 깨달았다.

인간은 똑같은 실수를 계속 반복한다. 우리가 역사를 통해 배우지 못한다는 것은 투기를 보면 알 수 있다. 역사상 기록된 최초의 투기는 네덜란드의 '튤립 투기'다. 17세기 초 튤립 한 송이 가격이 3,000길더까지 치솟았다. 당시 네덜란드 가정의 1년 생활비가 300길더였다고 한다. 그러다 버블이 꺼지면서 수요자들과 투기자들이 모두 튤립을 팔겠다고 나섰다. 튤립 가격은 단 4개월 만에 99% 하락했다. 그래서 급격한 투자 열풍이 불 때마다 튤립 그림이 담긴 기사들을 볼 수 있는 것이다.

지수투자는 파생상품에 비해 느리고 답답하다. 잘나가는 개별 주식에 비해 수익이 크지 않은 시기도 있다. 그러나 그것이 가장 빠른 길이라는 것을 돈을 다 잃고 나서야 안다. 탐욕에 가려져 보이지 않기 때문이다. 그런 만큼 탐욕과 공포를 넘어서기 위해서라도 지수투자를 해야 한다.

단기적으로 지수는 경제 활황과 불황에 따라 오르내린다. 하지만 그럴지라도 지수는 장기적으로 우상향 방향으로 오르내린다. 왜냐하면 수익은 무한대로 늘어나지만, 손실은 100%가 끝이기 때문이다. 그리고 매년 통화 공급량은 늘어나고 기업의 생산성 향상은 계속되기 때문이다.

나는 선물투자를 통해 ETF 지수투자의 엄청난 장점을 알았다. ETF 투자는 마음에 안정을 준다. 시장의 방향성을 알고, 자신에게 적절한 비중으로 투자한다면 어떠한 변수도 견딜 수 있다. 이번 트럼프발 무역전쟁으로 코스피 지수가 크게 떨어졌다. 하지만 코스피 지수투자에서 보이는 손실은 내가 감당할 만큼의 수준이었다. 주식시장에서의 오르내림은 마치 내 심장박동처럼 당연한 것이기 때문이다.

하지만 내가 실수했던 것은 바로 욕심이었다. 더 빨리 부자가 되겠다는 그 욕심이 지금까지 쌓아 온 수익을 갉아먹은 것이다. 정치적인 이슈가 변동성을 줄 수는 있다. 하지만 시장의 큰 흐름을 막을 수는 없다. 그래서 변동성이 해소되면 시장은 다시 제자리를 찾는 것이다. 하지만 그사이에 욕심 때문에 너무 큰 변동성에 투자한다. 그리고 감당할 수 없는 손실을 입어 회복하기도 전에 그 자리에서 아웃되는 것이다.

전설적인 투자자 중 추세 매매의 창시자라 불리는 제시 리버모어가 있다. 그가 성공할 수 있었던 이유는 시장 흐름을 읽는 뛰어난 감각 때문이었다. 1929년 대공황 속에서 그는 1억 달러의 수익을 올렸다. 모두가 매수하고 있던 시기, 추세의 전환을 예측한 것이다. 그는 열세 살 어린 나이에 주식을 시작해 스무 살에 1만 달러의 수익을 올리는 수완을 부리기도 했다. 그는 시장이 전환되는 타이밍을 잡고 수익을 크게 늘렸다. 하지만 그의 엄청난 성공은 끝까지 지켜지지 못했다. 전 재산을 걸고 베팅하는 그의 투자 성격 때문에 결국에는 파산한 것이다.

과감한 베팅이 엄청난 부를 가져오기도 하지만, 결국 파산을 부르기도 한다. 처음 주식을 하면, 무조건 한 번에 대박이 나기를 바란다. 그래서 모든 것을 걸고 하는 경우가 많다. 나 또한 욕심이 많아지자, 정신 놓고 선물을 샀다. 그리고 결국 값비싼 수업료를 지불하며 그 방법은 절대로 나를 부자로 만들어 주지 않는다는 사실을 알았다. 천천히 가더라도 올바른 길로 가야 한다. 원칙을 놓지 말고 가야 끝까지 수익을 내는 주식투자를 할 수 있다.

많은 투자자들이 크게 데이면서도 안정적인 투자 방법보다 위험성 높은 주식투자를 한다. 수익률에 눈이 멀어 손실률은 보이지 않는다. 고위험 펀드에 가입할 때 직원은 친절하게 수익률을 강조해 설명해 준다. 그러다 손실이 나면 나중에 찾아가 따진다. 그래 봤자 돌아오는 대답은 고위험 고수익 상품이니만큼 그만큼 위험할 수 있다는 말뿐이다. 마음이 아프지만 손실은 그 사실을 알면서도 가입한 투자자들의 몫이다.

지나친 욕심이 일을 망치는 경우는 많다. 대학교 신입생 시절, 나는 모든 활동을 다 해 보고 싶었다. 그동안 공부만 해야 한다는 생각에 해 보지 못했던 것을 다 해 보고 싶었던 것 같다. 그래서 학부 학생회, 학회, 중앙 동아리에 한꺼번에 가입했다. 그러나 시간이 지날수록 한 단체 내에서 해 주어야 할 역할을 모두 다 할 수는 없었다. 하지만 모든 것을 다 해내고 싶었던 탓에 무리하게 붙잡고 있다가 결국 병이 났다.

대학교 2학년 때 나는 면역력에 문제가 생겼다. 관절에 염증이 생긴 것이다. 온몸의 관절이 모두 다 아팠다. 학교에 가기 위해선 씻어야 했다. 하지만 손가락을 굽힐 수 없어 엄마의 도움을 받아 머리를 감았다. 무릎도 너무 아파 계단을 옆으로 내려가야 했다. 살면서 처음 겪어 보는 고통에 매일 후회했다. 하지만 건강이 악화되고 나서야 나는 하고 싶은 모든 일을 한꺼번에 할 수는 없다는 것을 깨달았다.

1년 내내 병원을 다니며 치료했다. 처음에는 왜 아픈지 몰라서 더 고통스러웠다. 갑자기 찾아온 병에 모든 게 멈춰 버렸다. 그동안 너무 많은 욕심을 부리다 내 몸이 망가지는 걸 몰랐던 것이다. 건강할 때는 몰랐던, 내가 가지고 있는 것들이 모두 소중한 것임을 그때서야 알았다. 지나친 욕심은 화를 부른다. 탐욕으로 건강도, 돈도, 모든 것을 잃었을 때는 너무 큰 고통을 겪어야 한다. 그리고 다시 되찾기 위한 싸움도 길어진다.

굳이 모든 것을 잃고 깨달을 필요는 없다. 천천히 지나친 욕심을 경계하며, 나 자신을 항상 관찰하면서 가야 한다. 내가 지금 너무 큰 욕심을 부리고 있는 건 아닌지 체크하면서 말이다. 그리고 스스로를 쓰다듬어 주자. 지금도 충분히 잘하고 있으니, 천천히 정석대로 가자고.

06

개인은 시장을
이길 수 없음을 인정하라

처음에는 꿈에 부풀어 호기롭게 주식을 시작했다. 무조건 가치 있는 기업을 잘 골라내 시장 수익률을 상회하는 30~40%의 수익도 낼 수 있을 것이라 생각했다. 그러곤 기업의 재무제표를 보며 가치투자 책에서 알려 준 대로 저평가된 기업들을 골라서 투자했다. 타이밍이 좋아 높은 수익을 본 종목들도 많았다. 하지만 오랜 기간 둘수록 그만큼 손실률이 큰 종목들도 생겼다. 종목마다 비중이 달라 큰 비중을 투입한 종목이 손실률이 커지면 타격이 컸다.

분명 가치 있는 기업은 주가가 올라갈 것이라고 가치투자자들은 말한다. 하지만 1년을 기다려도 손실률이 그대로인 종목도 있었다. 나는 그 기업의 주식이 5년 후 올라간다고 해도 다시 매수할 때로 돌아간다고 하면 절대 사지 않을 것이다.

특히 기술적 분석을 배우고 적용할 때는 주식을 거의 게임같이 했다. 거래량, 캔들, 이동평균선을 보고 뛰어들었다가 나갔다가를 반복한 것이다. 잘 알지도 못하는 종목들을 매수, 매도하면서 오를 때를 기다렸다. 그러나 주가가 이내 떨어져 버리는 등, 제때 타이밍을 잡는 것이 생각처럼 쉽지 않았다. 특히 직장생활을 하면서 차트 분석을 통한 단타매매는 불가능했다. 주식투자가 아니라 경마를 하는 것 같았다.

주식투자를 하면서 가치투자도, 기술적 투자도 주식공부 한다고 생각하며 재미있게 했다. 그런데 손실이 커질수록 이 방법이 아니라는 생각이 들었다. 내가 주식을 하는 목적은 재미가 아니라 꾸준한 수익 실현이었다. 재미를 위해서 하는 거라면 차라리 내가 좋아하는 게임을 하고 있을 것이었다.

나는 결혼하고 나서 수영을 처음 배웠다. 물 공포증이 있어 수영을 배울 생각은 한 번도 하지 않고 살았다. 그런데 수영을 좋아하는 남편을 만나, 처음으로 도전해 보았다. 남편에게 두 달 정도 수영을 배우고 물 공포증이 줄어들었을 때쯤 우리는 형님이 사는 태국으로 휴가를 갔다. 어머님 환갑을 태국에서 보내기로 한 것이다. 우리는 현지인들이 여름휴가에 많이 간다는 조용한 섬으로 휴양을 갔다. 나는 수영을 배웠으니 구명조끼가 없어도 될 것 같다고 판단했다.

오전에는 바닷물이 얕았다. 부표까지 가도 일어서면 허리 정도의 깊이여서 재미있게 스노클링을 했다. 점심을 먹고 나서 다시 힘차게 남편에게 배운 대로 쭉쭉 뻗어 나갔다. 이제는 더 이상 물이 무섭지 않다고 생각했다. 그리고 시원하게 앞으로 뻗어 나가는 내 수영 실력에 감탄할 때쯤 부표가 보였다. 그래서 오전에 허리쯤 오는 곳까지 왔구나 싶어 일어서려 했다. 그런데 순간 발이 전혀 닿지 않았다. 정말 짧은 순간 아차 싶었다. 그리고 물에 빠지면 남편과 엄마가 꼭 이렇게 하라고 했던 말이 생각났다. "물에 빠지면 당황하지 말고 바닥을 차고 나오면 돼!" 그렇지만 내 정신은 이미 살려 달라는 말만 하고 있었다. 허우적거리며 어떻게든 물 위로 올라가 숨을 쉬려고 했다. 하지만 그럴수록 밀려오는 파도를 이기지 못한 채 바닷속으로 가라앉았다. 이렇게 어이없이 죽는구나 싶었다.

정신을 차리고 보니 남편이 허우적대는 나를 발견하고 바닷가로 끌고 나온 상태였다. 나는 그날 세상에서 가장 무서운 바다를 보았다. 잔잔해 보이던 바다가 내 목숨을 한순간 가져갈 수도 있다는 공포에 빠졌었다. 나는 물 근처에는 아직까지도 가지 않는다.

주식시장에서 초보투자자가 시장을 이기려는 심리는 마치 내가 수영을 처음 배우고 두 달 만에 구명조끼도 없이 바다에 도전했던 것과 다를 것이 없다. 남편처럼 수영을 잘하는 사람들도 깊은 바다나 파도가 높은 곳에서는 안전장비를 다 갖추고 수영을 한다. 오히려 그 위험을 잘 알기 때문에 더 철저할 수 있다. 그런데 나같이 호기롭게 처음 도전한 사람은 전혀 그 위험성을 인지하지 못하고 모든 것을 던진다. 처음 주식투자에 아무것도 모르고 뛰어들었을 때 내가 신용으로 개별 주식을 지르던 날처럼 말이다. 내가 만약 그날 크게 데였다면 주식은 쳐다보기도 싫어졌을 수 있다. 주식시장에서 구명조끼는 현금이다. 그 현금을 가지고 시장을 이기려 하지 말고 잔잔한 파도를 타며 유유히 대응하면 된다.

수익률은 베타수익률과 알파수익률 두 가지로 나누어 볼 수 있다. 베타수익률은 시장 평균을 따라가는 지수 수익률이다. 시장 내 모든 자산에 분산 투자해 얻는 수익률이다. 알파수익률은 시장 평균보다 높은 수익률을 말한다. 내가 유망한 자산이라고 생각하는 것에만 투자해 시장 평균보다 높은 수익률을 기대하는 것이다. 처음 투자할 때 나의 주목적은 당연히 알파수익률이었다.

나는 내가 선택한 기업의 주식의 주가가 시장 평균보다 높게 올라갈 것이라 판단하고 매수했다. 그리고 내가 선택한 시기가 세력이 매수세로 변곡점을 일으킨 지점이라고 생각하고 매수했다. 알파수익률을 내려고 두 가지 투자 방법에 중점을 두고 투자해 봤다. 그러면서 나는 주식시장에서 혼자 싸워야 하는 일명 '개미'라는 사실만 매번 느꼈다. 풍부한 돈, 경험, 정보가 있는 시장의 강력한 세력과 외국인, 기관의 공세에 과연 내가 이길 확률이 몇

%나 될까 고민했다.

퇴근 후 집에 돌아와 하루 동안의 시장에서의 치열했던 싸움을 본다. 차트를 보고 뉴스도 본다. 그리고 결국에는 주식도 사람이 하는 일이어서 사람들의 모든 감정과 목표들이 반영된다는 사실을 깨달았다. 과거의 수많은 경제위기 속에서 다시 일어난 주가 차트를 보면 시장의 심리가 마치 사람의 심리와 같았다.

IMF 시절 우리 아버지 세대는 국가부도 위기에 어떻게 대처했는지 보자. 갑자기 불어닥친 경제 한파는 많은 가정을 파탄으로 몰고 갔다. 직장에서 해고될 거라고는 생각도 못하고 열심히 성실하게 일했던 노동자들이 회사 밖으로 쫓겨났다. 그리고 아버지의 그늘 밑에서 단란한 가정을 꾸리고 살던 많은 가족들이 고통을 겪었다. 경제부도 속에서 살아남은 국민들은 자신의 집에 있는 금까지 나라에 바치며 어떻게든 고난을 이겨 내려고 했다. 이런 위기 속에서 '나'만 생각하는 것이 아닌, 이 나라와 이웃을 생각하는 국민들이 많다는 것은 엄청난 힘이다.

전 세계에서 가장 강력한 힘을 가진 나라가 바로 대한민국이다. 돈이 많아서, 기술력이 뛰어나서가 아니다. 그 누구도 빼앗아 가지 못하는 '정신'이 남다르기 때문이다. 그렇기 때문에 우리나라는 인터넷, 유튜브, SNS 시대를 맞이하면서 세계의 문화강국으로 떠오를 수 있었다.

김구 선생이 대한민국의 독립을 간절히 원하던 1930년대에 한 말이 있다. "나는 우리나라가 세계에서 가장 아름다운 나라가 되기를 원한다. 가장 부강한 나라가 되기를 원하는 것이 아니다. 내가 남의 침략을 받아 가슴 아팠으니 내 나라가 남을 침략하는 것을 바라지 않는다. 오직 가지고 싶은 것은 높은 문화의 힘이다. 문화의 힘은 우리 자신을 행복하게 하고 나아가서 남에게도 행복을 주기 때문이다." 문화는 산업화된 나라에서 정치적, 경제적, 사회적으로도 중요한 역할을 하고 있다.

시장 지수에 투자하는 인덱스 펀드를 하다 보면 인터넷에서 정보를 찾아보게 될 것이다. 그러면 이제는 ETF에 관한 기초 투자 방법과 방안에 대한 글들이 많다는 것을 알게 될 것이다. 하지만 그 중에 한 나라에만 투자하는 것은 위험을 분산시키지 못한다는 정보 글을 보는 투자자들도 있을 것이다. 그래서 여러 나라 ETF를 구성해서 담아야겠다고 판단하는 투자자들도 있을 것이다.

하지만 해외 상품 ETF는 매매 시 배당소득세 15.4%를 납부해야 한다. 미국 시장에 직접 투자 시에는 배당소득세 15.4%뿐만 아니라 소득세 22%까지 붙는다. 수익이 나서 좋아했다가 세금을 낼 생각을 하니 배보다 배꼽이 더 크다는 말이 생각난다.

시장 지수에 투자하기로 했다면 우리나라 지수ETF와 현금 비중 조절만 잘해도 수익을 계속 낼 수 있다. 세금이 많이 붙는 해외 지수, 채권 ETF는 나중에 비용이 줄어들거나 추가 수익을 낼 수 있는 실력이 생겼을 때 시작해도 늦지 않다. 복잡하게 생각하고 투자할수록 놓치는 부분이 많기 때문이다. 한국에서 ETF 비중 조절 투자를 해도 미국에서의 수익률 곡선과 비슷하게 흘러간다.

절대 다수의 투자자들이 변동성이 큰 종목을 선호한다. 그렇기 때문에 증권방송이나 뉴스를 봐도 오늘의 급등주 코너가 있다. 사람들은 오늘 가장 많이 오른 종목에 주목한다. 코스닥 개별 주식에 투자하다 보면 급등락을 반복하다 결국에는 평균선이 제자리걸음인 종목들이 많다. 안전하게 조금씩 움직이는 종목들은 사람들의 주목을 받지는 못한다. 하지만 변동성이 작아 수익률이 우상향하는 곡선을 그린다.

가장 안전한 종목이 무엇인지 상식적으로 생각해 보면 나라 지수다. 시장을 이기려고 할수록 변동성이 큰 종목에 투자하게 된다. 이럴 경우 급등락하는 주가를 보면서 언제 팔고 언제 나가야 할지 제대로 판단하기도 힘들다. 이렇게 투자하다 보면 사람은 왜 같은 실수를 반복하는지 알게 된다. 대부분이 끝없는 욕심 때문에 주식투자에 실패하는 것이다.

개인은 시장을 이길 수 없음을 깔끔하게 인정하자. 그리고 나면 그때부터 주식투자로 진짜 수익을 낼 수 있다. 이 원칙을 세우고 나면 이전의 전략과는 확연하게 다른 전략을 짜게 된다. 주가가 많이 오를 종목을 고르는 데 시간을 낭비하지 않아도 된다. 그리고 매 순간 주가가 어떻게 변동하는지 신경 쓰면서 스트레스를 받지 않아도 된다.

07

비용은 줄이고
수익률은 높여라

월급날 급여 명세서를 보면 참 허탈하다. 고용보험, 건강보험, 국민연금 등 공제되는 부분들을 다 제하고 나면 실제 내 월급은 손에 쥐어 보지도 못한다. 왜 이렇게 매달 공제되는 부분이 많은지. 들어오자마자 카드사에서 빼 가는 월급을 보자니 돈은 언제 모으나 싶다. 심지어 내 돈 모아서 저축해도 이자에서 세금을 내야 한다. 이자를 받기도 전에 세금을 제하는 것이다. 무려 이자의 15.4%를 소득세로 내야 한다.

저축할 때 만 스무 살 이상 성인이 되면 3,000만 원까지 1.4%만 세금을 떼는 세금우대 혜택을 받을 수 있다. 일반 은행이 아닌, 지역조합원 통장을 만드는 금융권에서 가입하면 된다. 세금만 적게 떼도 수익률이 훨씬 올라간다. 세금 때문에 실제 이자로 받는 돈의 차이가 크다. 금리만 비교할 것이 아니라 실질수익률을 따져 보아야 하는 이유다.

보험에 가입할 때는 사업비가 적게 들어가는 보험사의 보험료가 훨씬 저렴하다. 중앙 사업체가 있는 곳이면서 전국에 지점이 있는 우체국이나 새마을금고 같은 곳이다. 모집인에게 줘야 하는 모집 수당이나 관리비가 적게 들어가기 때문에 보험료가 저렴한 것이다.

연금에 가입할 때도 사업비를 내야 한다. 그러다 보니 사실상 10년 비과세 혜택을 받기 전에 해지할 경우 원금보다 못한 돈을 받게 된다. 오랫동안 모았으나 내가 모은 돈보다 적게 받으면 속상하다. 하지만 내가 제대로 알지 못하고 가입했으니 따질 수도 없다.

부동산 거래 시 요즘에는 등기를 스스로 하는 사람들이 많아졌다. 인터넷에서 검색해 보면 조금만 노력해도 따라 할 수 있다. 그래서 법무사들의 수익이 많이 줄었다고 한다. 하지만 투자자 입장에서는 한 푼이라도 아끼려니 어쩔 수 없다. 부동산 투자는 점점 더 세금이 늘어날 것이다. 세금이 그만큼 수익률에 큰 영향을 줄 것이다.

이처럼 모든 자산군에 투자할 때 비용을 고려하면 수익률을 높일 수 있다. 나의 미래를 위한 대비를 다른 이들의 손에 맡기면 그만큼의 비용을 치러야 하기 때문이다. 내 자산 상태를 가장 잘 아는 사람은 다른 누구도 아닌 바로 나 자신이다. 내가 공부하고 얻은 원칙으로 투자한다는 것은 가장 최소한의 비용으로 수익을 올릴 수 있는 힘을 기르는 것이다.

주식투자도 마찬가지다. 비용을 최대한 줄여야만 수익을 제대로 얻을 수 있다. 적립식 펀드에 가입하면 매달 몇 %씩 수수료를 낸다. 결국에 수익이 났어도 일정 비용을 운용비용으로 내야 하는 것이다. 우리는 그 사람들이 운용하는 자산이 수익이 날지 안 날지도 모르는 위험을 안고 투자하는 것이다. 그런데도 운용사는 매월 일정한 수익률을 가져가는 것이다.

그렇다고 개별 주식으로 포트폴리오를 구성할 경우 세금과 수수료의 비용이 더 커진다. 주식을 매도하면 수익을 보았든 아니든 매도 금액의 0.3%(2019년 안에 0.25%로 인하 예정)를 증권거래세로 내야 한다. 우리나라의 0.3%의 거래세는 작은 편이 아니다. 0.1%의 비용이라도 시간에 따른 복리 효과로 수익률에 큰 타격을 준다. 미국이나 일본은 아예 거래세가 없거나 평균 0.1~0.2% 정도다. 세계 최고 수준의 증권거래세를 부과해 연간 걷는 세금이 6조 원 규모라고 한다. 비용은 한마디로 확정된 손실이다.

국내 주식형 ETF는 매매 차익에 대한 세금이 전액 비과세다. 심지어 수수료도 일반 펀드보다 절반 이상 저렴하다. 비용이 거의 발생하지 않는 것이다. ETF를 통해 수익을 꾸준히 낼수록 비용이 적다는 것이 얼마나 큰 힘을 발휘하는지 알게 된다.

그동안 내가 안정적으로 수익을 계속 낼 수 있었던 것은 바로 이

ETF 덕분이다. 같은 날 가지고 있던 포스코와 코스피 지수ETF를 일부 팔아서 수익을 실현했다. 포스코의 수익은 20만 원이었지만 거래비용이 3만 5,000원 발생했다. 그리고 코스피 지수의 수익은 33만 원이었는데 거래비용은 850원이었다. 비용의 차이가 수익률에 크게 영향을 미친다는 것을 알았다. 그래서 더 ETF 투자에 집중하기로 했다. 그리고 이 판단이 중간에 여러 투자들을 돌고 돌아 보니 지금까지도 옳았다는 생각이다.

남편은 야구를 좋아한다. 집에서 TV를 볼 때 나는 스포츠는 거의 보지 않았다. 아버지는 농구를, 남동생은 축구를 좋아해서 항상 안방과 거실에서 TV를 나누어 보았다. 야구장에도 치킨을 먹는 재미와 응원가를 부르는 것이 좋아서 같이 갔다. 나는 야구에 대해 전혀 몰랐던 만큼 홈런만 치면 이긴다고 생각했다. 남편이 옆에서 계속 설명해 주는 룰을 들으며 선수들의 경기를 지켜보았다. 처음 보러 간 경기에서 선수들은 공격과 수비를 번갈아 가며 경기를 펼쳤다. 그런데 그날따라 상대 팀 수비수인 외국 선수가 부진한 경기를 했다. 공격은 양 팀이 비슷했지만 계속되는 상대 수비의 실수에 우리 팀이 결국 승점을 얻어 이겼다.

대부분의 스포츠가 공격과 수비로 이루어진다. 공격을 아무리 잘해도 수비가 약해 점수를 빼앗기면 제자리걸음이다. 또한 보통은 적극적인 공격을 할수록 수비가 약해질 수 있다. 스포츠를 잘 모르는 내 눈에도 탄탄하게 받쳐 주는 수비력은 안정적으로 공격할 수 있는 힘을 준다는 것을 알 수 있었다. 결국 빼앗기는 것을 최소로 하고 공격 포인트를 얻어 낸 팀이 승리했으니 말이다.

이기는 전략에 있어서 《손자병법》만 한 책이 없다. 그럴 수밖에 없는 것이 전쟁에는 수많은 목숨과 나라의 운명이 걸려 있기 때문이다. 2,500년 전 쓰인 이 병법에서도 전쟁하는 방법에 비용 계산을 포함하라고 한다. "무턱대고 덤비지 말고, 항구적 안전과 이익이 합치되는 방향으로 생각하고, 대립과 갈등의 모든 사항과 요소를 점검해 어떻게 싸울 것인지 제대로 준비한 후 이기고, 그 이김도 최대한 효율적으로 최소 비용으로 이겨야 한다."는 것이다.

전략 없이 승자가 된다는 것은 바다를 떠돌던 배가 우연히 항구에 정착하는 것만큼 어려운 일이다. 바다에서는 거친 파도가 갑자기 일 수 있기 때문이다. 그런 위험이 있는 바다에서 아무런 방향과 전략 없이 배를 운전할 항해사는 없을 것이다. 실전에 녹아 있는 이런 방법들을 우리는 자산 투자에도 적용해 원칙을 세울 수 있다.

ETF의 창시자 존 보글은 뱅가드그룹을 비영리 기업으로 설립했다. 그리고 수익금을 펀드 수수료를 낮추는 데 계속 투입했다. 뱅가드그룹에는 전 세계 170개국의 투자자들의 자금이 맡겨져 있다. 무려 4,500조다. 그 결과 뱅가드그룹은 단기간에 블랙록 다음의, 업계 2인자 투자회사가 되었다. 단순하게 시장 전체의 지수를 추종하

므로 펀드 수수료를 획기적으로 낮출 수 있었다. 그렇기 때문에 개인 투자자는 ETF로 최소 비용으로 최대 효과를 낼 수 있다.

버핏도 존 보글에 대해 "미국 투자자들을 위해 가장 많이 공헌한 사람을 위한 동상을 세운다면, 당연히 보글이어야 한다."라고 평가했다. 그리고 배우자에게 남긴 유언에 자신의 재산 대부분을 뱅가드그룹의 S&P500 인덱스 펀드에 투자해 달라고 말했다.

두 투자의 대가가 말하는 투자의 성공은 '상식'을 지키는 것이다. 어떻게 보면 재미없고 쉽게 무시될 수 있는 부분이다. 한 명은 절대로 잃지 말라고 하고, 한 명은 비용을 최소화하라고 한다. 큰 수익을 노리는 개인 투자자들에게는 구미가 당기는 원칙은 아니다. 하지만 가장 오랫동안 수익을 지켜 낸 자들의 이야기를 무시해서는 안 된다.

안정적이고 지속적으로 수익을 올리는 방법이 있다. 그리고 매매 비용까지 저렴하다. 그럼에도 불구하고 한국에는 아직도 ETF를 모르는 투자자들이 많다. 단타로 크게 수익을 올리려고 하는 개인 투자자들은 운 좋게 수익을 올려도 하락장에서 크게 다친다. 그리고 여느 실패한 투자자들과 같이 개미무덤에 묻힌다. 지수투자에 대해 알면서도 믿지 못하고 계속 다른 길을 돌게 되는 것은 욕심 때문이다. 하지만 결국에는 지수투자가 답이다. 존 보글은 기존의 금융세력의 반발에 맞서 자신의 이익도 포기하며 인덱스 펀드를 만들었다. 그리고 그것이 개인 투자자들의 거래비용을 획기적으로 줄여 주었다. 이것이 ETF 투자가 직장인에게 가장 적합한 이유다.

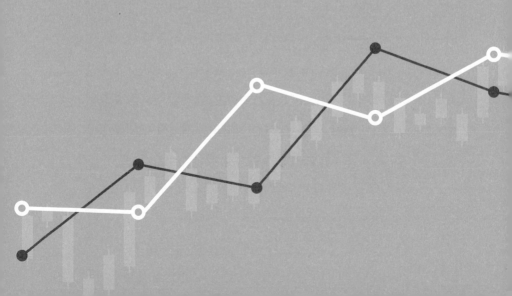

PART 4

불확실한 시대, 주식투자에서 살아남을 8가지 기술

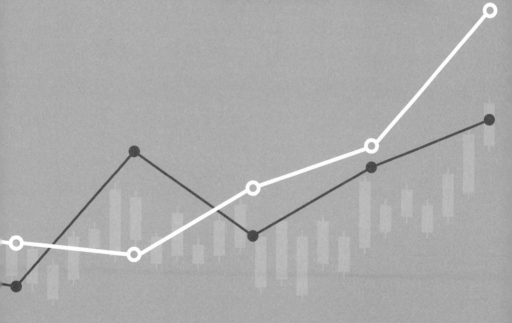

01

지금 당장
ETF를 시작하라

ETF는 Exchange Traded Fund의 약자로 상장지수펀드다. 인덱스 펀드의 일종으로 추종하는 종목의 성과를 따라가는 펀드를 의미한다. 그런데 일반 펀드와는 달리 주식으로 간주되어 매매가 가능하다. 펀드처럼 가입했다가 해지하는 방식이 아니어서 쉽게 매매할 수 있다. 증거금 없이 소액으로 바로 매매할 수 있다. 이 혁신적인 금융상품은 1993년 존 보글이 창립한 뱅가드그룹이 만들었다. 최초의 ETF가 바로 워런 버핏이 자신이 죽은 후 자산을 투자해 달라고 했던 S&P500ETF다. 미국의 시장 지수를 추종하는 ETF다.

ETF는 주식뿐만 아니라 다양한 자산을 지수화했다. 국내 주식, 해외 주식, 채권과 실물자산(금, 원유, 달러)까지 지수로 투자가 가능하다. 나는 처음 ETF에 투자하면서 시장 지수와 함께 금 지수를 매입했었다. 창구에서 일하고 있는데 한 고객이 투자 자산으로 금을 사야 해서 예금을 해지한다고 하는 것이었다. 금값이 계속 올라갈 것이라고 고객은 말했다. 그때 나는 금 투자에 대해서는 생각도 안 하고 있었던 때였다. 그랬던 터라 고객처럼 실제 골드바를 구입해야만 투자가 가능하다고 생각했다.

그런데 내가 하고 있던 ETF를 공부하다가 금도 지수ETF로 매매가 가능하다는 것을 알았다. 그리고 금리 인상 시기가 되면 금 지수가 떨어졌다가 회복되는 것을 관찰했다. 그러곤 소액을 투자해 보았다. 결과는 모두 수익을 보고 나왔다. 과거의 금 지수 추이를 보고 이제는 거의 투자하지 않고 있다. 하지만 금 지수가 너무 하락한 시기에는 조금씩 매수했다가 올랐을 때 수익을 보고 팔고 있다. ETF는 거래비용이 적어 짧은 기간에 매매해도 손실이 없기 때문이다.

주식투자를 하기로 마음먹고 처음 산 것이 펀드였다. 그래서 ETF를 사려고 했을 때 금융상품을 펀드에서 찾았다. 아무리 찾아도 나오지 않아 인터넷을 검색해 보았다. 그러곤 주식처럼 매수해야 한다는 사실을 알았다. 처음에는 왜 펀드를 주식으로 매입해야 하는지 개념조차 이해가 되지 않았다. 그러다 도서관에서 ETF의 창시자 존 보글의 엄청나게 두꺼운 책을 발견했다. 그 책은 내가 왜 ETF를 해야 하는지 확신을 주었다.

나는 주로 코스피 레버리지ETF와 현금 비중 조절로 투자하고 있다. 월급이 들어오면 적립식으로 매수하고, 지수와 현금 비중을 조절하면서 수익을 내고 있다. 이번 하락기처럼 계속 지수가 떨어지는 때가 있다. 그럴 때는 비중 조절을 하며 월급이 들어오면 꾸준히 매수하고 수익이 날 때까지 기다린다. 그리고 비중 대비 수익이 클 때는 수익 실현을 해 나간다. 최근에는 백데이터를 활용한 매매전략을 포트폴리오로 만들어 매수하는 전략도 함께 실현해 보고 있다.

내가 처음부터 이 사실을 인정하고 지수ETF만 했다면 훨씬 더 많은 수익을 얻었을 것이다. 하지만 나는 개별 주식에 계속 희망을 두고 여러 주식을 매수해 가지고 있었다. 그러나 각 개별 주식의 손실은 회복이 쉽지 않았다. 몇 개는 손실을 보고 팔아 정리하고 단 2개만 남겨 놓고 있다. 그 두 대기업 주식의 손실률을 보면서 개별 주식에 손대고 싶은 마음을 참는다.

직장인에게 ETF는 자본가의 길로 가는 최고의 방법이다. 회사에 다니며 무슨 종목을 사야 할지 고민하고 공부하는 데 많은 시간을 투자하지 않아도 된다. ETF 투자는 바쁜 직장인에게 작은 것을 보고 하는 주식투자가 아닌, 거시적인 안목을 키워 주는 투자 방법이다.

개별 주식을 사면 그 회사의 악재가 터질 때마다 밤에 잠을 잘 수 없을 것이다. 하지만 전체 시장으로 분산해 투자하는 시장 지수 ETF는 나라 전체의 기업이 망하지 않는 이상 반드시 회복한다. 그렇기 때문에 원칙을 지키면서 투자할 수 있다.

직장인이 처음 ETF 투자를 시작할 경우 반드시 월급으로 조금씩 매수하는 것이 좋다. 어느 한 시기에 한꺼번에 주식을 매수하면 상승 시기엔 타격이 없을 것이다. 하지만 주가가 하락하게 되면 충격을 받고 견디기 힘들 수 있기 때문이다. 우리는 월급을 받는 동안 주식으로 자본 파이프를 만드는 것이 목적이다. 지금 당장 목돈을 투자해 한 방에 2배로 불리는 것이 목적이 아니다. 그것을 확실히 해야 한다.

시장 지수ETF로 꾸준히 수익을 내다가 욕심이 생겨 여러 파생상품과 테마주에 손대 봤다. 그러고 나서 주가 하락 시기에 기회와 배움이 있다는 것을 알았다. 그렇게 쓴맛을 본 덕분에 나만의 원칙을 세울 수 있었다. 이 원칙은 죽을 때까지 나의 투자 수익을 지켜줄 방어막이 될 것이다.

나는 아이가 생긴다면 용돈의 일부를 지수로 적립해 줄 것이다. 그리고 용돈 관리를 할 시기가 오면 증권계좌를 넘겨줄 것이다. 스스로 자본을 적립하고 굴려 봐야 자본의 힘을 그대로 느낄 수 있기 때문이다. 나는 성인이 되고 나서야 자본을 운용하는 법을 사회에서 깨지면서 배웠다. 그러고 나니 어릴 적부터 돈을 관리하고 투자할 수 있는 기회가 있다면 얼마나 좋을지 생각한다.

대기업 주식 하나를 묻어 놨다가 자식에게 줘야 한다면 그때 가서 그 주식이 어떻게 되어 있을지 불안할 것이다. 하지만 우리나라의 지수를 적립해 준다면 화폐자본주의 체제가 무너지지 않는 한 계속 증식되는 자본을 보유하게 될 것이다.

내가 보험영업을 하면서 우리 회사 보험의 가장 강점으로 여기는 것이 있다. 바로 보험영업인의 수당이 정말 다른 보험사에 비해 적다는 것이다. 그렇게 되면 고객이 부담하는 보험료가 낮아진다. 이미 은행 창구라는 영업장이 있고, 예금이나 대출을 해 주는 창구 직원이 보험도 함께 파니 사업비가 적게 드는 것이다.

ETF도 마찬가지다. 시장 지수를 추종하도록 하는 만큼 펀드매니저의 역할이 크지 않다. 그렇기 때문에 수수료가 일반 펀드에 비해 훨씬 적다. 직접 매매해 보면 그 차이를 확연하게 느낄 수 있다. 세금도 면제되는 만큼 어떤 개별주보다 비용 대비 수익률 면에서 뛰어난 장점을 가지고 있다.

나는 코스피 레버리지 : 현금으로 운용한다. 지수를 1배로 따라가는 코스피200ETF가 아닌 레버리지ETF를 사용하는 것은 현금의 중요성 때문이다. 레버리지는 지수가 올라가면 2배로 올라간다. 그렇기 때문에 원래 투입하려 했던 투자금보다 적게 들어간다. 그런 만큼 현금을 더 많이 보유할 수 있다. 물론 레버리지여서 변동성이 좀 더 크지만 매달 비중 조절만 잘한다면 수익을 안정적으로 낼 수 있다.

ETF는 안정성, 수익성 면에서 직장인의 뛰어난 주식투자 방법이다. 내가 처음 주식을 시작하면서 안정적으로 매수하고 수익을 낸 방법이다. 나는 지금까지도 이 방법을 사용하고 있다. 시장 지수 ETF는 매일 시장에 대한 공부를 하게 한다. 개별 주식에 대한 집착이 아닌, 큰 흐름을 공부할 수 있게 해 준다. 덕분에 주식투자를 함에 있어서 가장 기초 체력인 돈의 흐름을 먼저 볼 수 있었다. 그리고 직장에 다니면서 꾸준히 주식에 재미를 붙이고 투자할 수 있었던 비결이다.

처음 투자를 시작하려면 어떻게 해야 하는지 모르는 것이 당연하다. 그렇다고 포기하지 말고 내가 제시한 기본 방법을 따라 소액으로라도 시작해 볼 것을 추천한다. 그래도 생소한 단어들에 선뜻 용기가 나지 않는다면 010 3667 3885로 도움을 요청하는 문자 메시지를 보내 보자. 쉽고 자세한 설명으로 주식투자에 대한 벽을 깨고 안목을 키우는 비법을 전수해 주겠다. 어떤 것이든 시작을 해야 내 인생에 영향을 줄 수 있다. 두려움은 벗어던지고 주식투자에 도전해 보자.

02

차트 대신
환율·금리·유가를 공부하라

처음 주식공부를 시작했을 때 주식 차트 공부는 신세계였다. 그리고 차트만 제대로 분석할 줄 알면 큰돈을 벌 것 같았다. 세력이 움직이는 시기를 포착해 들어갔다가 빠질 때 같이 빠지면 될 것 같았다. 내가 읽은 기술투자 책에서는 장대 양봉과 음봉은 개인이 절대 만들 수 없다고 했다. 세력의 움직임이고 위로 긴 꼬리가 달린, 매도세가 강한 음봉은 세력이 빠져나갔다는 것이었다. 거래량과 캔들 이동평균선을 기본으로 분석해 코스닥에 있는 개별주들을 차트에 따라 매수, 매도하는 것이 왠지 진짜 주식투자 같아 보였다.

그런데 내가 차트를 만드는 차티스트가 되지 않는 이상 그 순간을 포착할 확률은 굉장히 희박했다. 심지어 나는 장이 열리는 시간에는 창구에서 열심히 손님을 응대해야 했다. 때문에 실시간 차트

대응은 시도조차 해 볼 수 없었다. 그러니 직장인인 나에게 차트에만 의존한 투자는 손실이 커질 수밖에 없는 구조인 것이다. 왜냐하면 나는 세력이 순간순간 주가를 먹고 튈 때 매매를 못할 것이 뻔했기 때문이다.

주식공부를 하고 싶다면 추천하는 세 가지가 있다. 바로 금리, 환율, 유가다.

금리가 올라가면 마치 경제가 망할 것처럼 신문 기사에서 호들갑을 떤다. 그러니 일반 사람들은 금리가 올라갈 때 큰일이라도 난 것처럼 생각할 것이다. 대부분 많이 보이는 기사가 '기준금리가 올라가면 기업들의 투자 및 자금 조달에 악영향을 미친다', '금리 인상으로 기업과 가계의 대출 부담 증가'라는 글들이다. 그래서 금리가 왜 올라가는 것인가는 생각해 보지 않는다. 단순히 금리가 올라가면 나쁘다고 하니 일반 사람들은 경제가 나쁘다고 생각하는 것이다.

하지만 사실 미국이 2018년에 금리를 올린 것은 경제가 과열 현상을 보였기 때문이다. 미국의 고용지표, 생산물지수 현황을 보면 미국 경기는 완연한 호황이다. 미국의 고용 훈풍으로 한국과 미국의 실업률은 외환위기 이후 처음으로 역전되었다. 미국이 더 낮은 실업률을 기록한 것이다. 미국이 그동안 풀었던 경기 부양책이 효과를 나타내고 있는 것이다. 한마디로 달러를 엄청 찍어 내 자신들의 빚을 세계로 수출한 이후 배불리 먹고 있는 것이다.

다만 미국이 금리를 올리면 전 세계 국가들은 자신들의 경제 상황과는 별개로 환율을 맞추기 위해 따라서 금리를 올릴 수밖에 없는 상황을 맞는다. 한국은행도 미국의 연방준비위원회의 계속된 금리 인상으로 상승 압박을 받아 2018년 한 차례 금리를 인상했다. 정작 한국의 경제 상황이 좋아졌다는 시그널이 나오기도 전에 금리를 올려야 하는 딜레마에 빠진 것이다. 한국뿐만 아니라 신흥국들은 모두 미국의 금리 인상에 맞춰 울며 겨자 먹기 식으로 금리 상승 압박을 받았다.

주식투자자 입장에서 미국 연준의 금리정책 기조는 가장 주시해야 할 부분이다. 미국이 금리를 계속 올리는 동안 주식시장의 큰 흐름은 우상향 방향을 보인다. 그런 만큼 주식투자를 상방으로 두고 계속 주식을 매수해도 된다. 연준이 금리를 올린다는 것은 물가가 크게 오르는 인플레이션을 막기 위함이기 때문이다. 금리정책의 방향으로 물가의 방향을 볼 수 있는 것이다. 대출 금리가 오르더라도 인플레이션으로 내가 투자한 자산은 이자를 내고도 남을 만큼 크게 오른다. 그러니 부동산 자산도 크게 오르는 것이다.

그런데 금리가 빠지는 순간에는 주식을 최대한 안전 자산으로 바꾸는 것이 현명하다. 금리 인하가 기사에 뜨면 시장은 당일 호재로 인식하고 지수가 오른다. 하지만 그때가 되면 나는 인버스ETF를 단기로 가지고 가며, 채권 비중을 늘려갈 것이다. 그리고 가지고 있는 집도 빠르게 매도하거나 전세로 돌릴 것이다. 금리 인하는 연준이 경기 하강을 인식했다는 신호다. 그리고 급속한 경기 냉각을 막기 위한 방법이다. 지난 50년간 화폐경제 시스템 안에서는 연준이 금리 인하 기조로 변한 후 1년 안에 경기 불황이 왔다. 그 원리를 이해하기 위해서는 그동안의 미국 금리 그래프와 주가 그래프, 인플레이션율을 함께 봐야 한다. 그래야 한눈에 알 수 있다.

현금 흐름을 창출하는 부동산이 아닌 시세 차익만 보고 들어간다면 두 가지를 염두에 두었으면 한다. 지금은 베이비부머 세대가 같이 자산을 움직이고 있지만 곧 인구가 정점에서 줄어드는 시기가 온다. 지금은 핵가족화가 되어 계속 가구 수가 늘고 있다. 하지만 점점 빠른 속도로 가구 수는 줄어들 것이다. 두 번째는 보유세 폭탄이다. 보유세는 복리 개념으로 계산해 보면 오히려 부동산 투자에 손해를 가져다줄 확률이 높다.

환율에 따라 외국인 자본은 움직인다. 무역전쟁으로 우리나라 코스피 지수가 심하게 빠졌다. 그 이유는 경제 불안에 따라 안전 자산인 달러가 강세를 보이기 때문이다. 그런 만큼 우리나라 지수에 투자하면 외국인 투자 자본은 환차손으로 손해를 보기 때문이다. 이에 대한 리스크 회피로 엄청난 양의 자본이 빠져나가 코스피 2000이 무너졌었다.

금리가 오를 때 보통 뉴스는 환율이 올라간다고 한다. 강달러로 외국인 자본이 유출되어 우리나라의 자본도 유출된다고 세뇌시켰다. 하지만 실제 과거 차트 기록을 보면 그들의 말과는 일치하지 않는 경우가 많다. 미국의 금리가 오를 때 달러는 약세가 된다. 달러 약세로 미국이 빚을 지면 질수록 이득인 환경이 만들어진다. 그리고 외국 자본의 유입으로 우리나라 코스피 지수는 가파르게 올라간다.

환율은 해외여행을 할 때만 중요한 것이 아니다. 주식투자를 하지 않는 사람에게 환율은 그저 외국에 여행을 갈 때만 중요하다. 대부분의 외국인 자금은 우리나라 주식의 가치만 보고 매수하는 것이 아니다. 달러 약세 기조가 형성되면 원화 가치가 올라가니 원화를 사는 것이다. 그렇기 때문에 원화 강세 흐름이 보이면 거대 자본을 움직이는 외국인들은 시가 총액이 가장 높은 삼성전자와 SK하이닉스 주식을 대량으로 매수한다.

환율에 투자하는 외국인들의 주된 목적을 모르니 뉴스에서는 '외국인 자금이 돌아왔다', '삼성전자와 SK하이닉스의 실적이 부진한데도 크게 매수했다'라는 식의 기사만 띄운다. 2017년 코스피 지수가 급격하게 오른 것도 미국의 금리 인상 시그널과 원화 강세로 외국인 자본을 타고 올라간 것이다.

2019년 1월 초에 삼성전자의 어닝쇼크가 발표되었다. 하지만 모두가 아는 이 뉴스는 더 이상 주가의 하락 요인이 아니다. 그럼에도 불구하고 외국인은 삼성전자 주가를 폭락시키고 미래에 주가가 오르면 수익이 나는 파생상품 콜을 상당량 매수했다. 그리고 곧 주가를 폭등시켜 엄청난 콜 수익을 얻었다.

유가는 물가가 결정되는 데 큰 영향을 준다. 유가가 올라가면 기업이 제품을 생산하고 이동시키는 데 드는 원가가 올라가기 때문이다. 그래서 세계 경제 주체들은 물가를 조절하는 데 있어 유가를 신경 쓴다. 이제는 금리만으로 물가를 조절하기 힘들기 때문이다.

코스피 주식투자자 입장에서 유가 폭등은 악재다. 오일쇼크가 있었던 1970년대와 80년대에 주가는 곤두박질쳤다. 특히 2차 오일쇼크가 있었던 80년대의 우리나라의 GDP 성장률은 10% 가까이 떨어졌다. 1998년도 외환위기와 맞먹는 수준이었다. 그 당시 물가는 무려 29% 치솟아 서민경제에 큰 아픔을 줬다.

베네수엘라같이 물가 조절에 실패한 나라의 국민들은 엄청난 재앙을 겪는다. 베네수엘라에서는 하이퍼인플레이션으로 매달 50% 넘게 물가가 폭등했다. 1,000원으로 살 수 있었던 커피가 다음 해에 150만 원이 된 것이다. 물가 조절에 실패하면 이렇게 돈이 제대로 돈의 가치를 못하게 되고 국가 경제는 마비된다. 살인적 인플레이션의 결과 굶주리던 베네수엘라 국민 300만 명이 나라를 떠나 난민이 된 상태다.

원유매장량 1위인 베네수엘라가 하이퍼인플레이션의 위기에 처한 데는 원유 가격 하락이라는 원인이 있다. 최근 3년간의 급격한 원유 가격의 하락은 원유 수출에만 의존했던 베네수엘라에 국가부도의 위기를 불러왔다.

이에 베네수엘라의 대통령은 경제위기를 탈출하기 위해 미국의 버냉키처럼 통화를 엄청나게 발행하는 양적완화정책을 펼쳤다. 하지만 절대 베네수엘라는 그렇게 해서 경제위기를 벗어날 수 없었다. 미국의 양적완화가 경제위기 탈출의 방법이 되었던 것은 기축통화국이기에 가능했던 것이다. 결국 엄청난 인플레이션으로 베네수엘라 국민들은 끔찍한 고통을 겪고 있다. 세계에서 가장 석유매장량이 많은 나라임에도 경제위기로 살인, 강도 범죄가 치솟았다. 그 결과 2년 연속 가장 위험한 국가 1위를 차지하는 불명예를 안게 되었다.

경제공부를 하다 보면 정치에도 관심이 간다. 베네수엘라가 원유 가격 하락으로 위기를 겪은 이면에 베네수엘라 대통령이 반미 정책을 펼치며 미국과의 관계가 껄끄러워졌다는 또 다른 이유가 있음을 보게 되었다. 결국 경제 상황에 가장 큰 영향을 받는 주식투자를 위해서는 세계 경제가 움직이는 흐름을 알아야 한다.

환율, 금리, 유가는 경제의 축이자 주식시장을 움직이는 핵심이다. 그러니 주가의 과거 기록인 차트 공부를 먼저 할 것이 아니다. 세계 경제가 돌아가는 시스템을 이해하는 데 노력을 쏟아야 한다.

03

달러의 움직임을
확인하라

우리는 달러의 노예다. 나는 이 사실을 알고 처음에는 화가 났다. 2007년 미국 금융의 탐욕으로 탄생한 파상상품으로 인해 서브프라임 모기지 사태가 발생했다. 그리고 세계는 미국발 금융위기에 빠졌다. 당시 연준의 의장인 벤 버냉키는 달러를 마구 푸는 양적완화를 실시했다. 3,300조 원이나 되는 돈을 찍어 내 빚을 세계로 수출한 것이다.

미국은 달러를 세계로 내보내고 각 나라는 미국의 뜻대로 달러를 외환보유고로 가지고 있을 수밖에 없다. 달러는 지난 100년간 95%나 가치가 하락했다. 가지고 있으면 계속 가치가 하락하는 자산을 국가의 세금을 들여 엄청난 양을 보유해야 하는 것이다. 우리나라가 1997년도에 IMF 구조조정을 겪은 이유가 바로 이 외환보유 고를 줄여서다.

　우리나라는 밀려 들어오는 자본의 힘으로 급격한 GDP 성장을 이뤘다. 당시 김영삼 대통령은 급성장하는 나라를 선진국 반열에 올리기 위해 원화 강세를 만들어야 했다. 그래서 1996년도에 시중에 달러를 계속 내다 팔았다. 330억 달러였던 외환보유액은 1997년 204억까지 급감했다. 이에 미국은 바로 한국의 자금줄을 막는다. 단기 외채의 만기상환 일자를 늘려 주지 않겠다고 선언한 것이다. 이에 대통령은 일본에서 돈을 빌리려 했으나 일본에 '한국에 자금을 빌려주지 마라'라는 미국의 서한이 전달된다. 미국의 심기를 건드렸다가 우리나라는 IMF의 구조조정이라는 혹독한 시련을 겪게 된 것이다. 하지만 지금은 세계에서 아홉 번째로 높은 외환보유고를 가진 나라가 되었다.

　일본도 플라자합의 이후 잃어버린 20년을 겪게 된다. 미국은 자신들의 재정수지 적자를 해소하기 위해 달러 약세를 꼭 만들어야 했다. 달러의 가치가 낮아져야 빚이 탕감되기 때문이다. 현재도 미국은 재정적자를 해결하기 위해 중국과 무역전쟁을 벌이는 것으로 보인다. 이번 중국과의 무역전쟁으로 위안화 절상을 얻어 내려는 것이 핵심으로 보인다. 미국은 기축통화의 지위를 이용해 전 세계에 빚을 풀고 금융위기를 수출하고 있는 것이다.

미국은 어떻게 기축통화의 지위를 가지게 된 것일까. 1930년대에서 1940년대까지 제2차 세계대전이 있었다. 이때 미국은 브레턴우즈체제를 확립시킨다. 이를 통해 국제통화기금 IMF를 만드는 것을 미국이 주재했다. 그러곤 금환본위제를 바탕으로 달러를 기축통화로 만들었다. 당시 미국은 세계 산업 생산량의 절반을 감당하고 있었다. 또한 세계 금 보유고의 3분의 2를 확보할 만큼 실로 전무후무한 경제력을 갖고 있었다. 때문에 가능한 체제였다.

그러나 1971년 미국은 베트남전쟁에 패했다. 그러곤 전쟁에 소모된 막대한 비용을 벌충하기 위해 달러를 찍어 냈다. 이에 다른 나라들이 위기를 느끼고 달러를 금으로 바꿔 달라고 요구했다. 그러자 닉슨 대통령은 금태환제를 폐지해 버린다. 이후 미국의 달러는 국제적 신뢰가 크게 흔들린다. 그렇다면 미국이 달러의 기축통화 지위를 유지하기 위해서는 어떤 방법이 필요했을까.

기축통화 지위를 지킬 수 있었던 것은 미국 달러가 오일머니, 즉 페트로 달러로 사용되면서다. 닉슨 대통령은 사우디아라비아와의 거래를 통해 유가를 미국 달러로 표준화시켰다. 사우디아라비아는 원유를 팔 때 미국 달러로만 받은 것이다. 그리고 미국은 사우디아라비아에 군사적 보호를 약속했다.

쑹훙빙의 《화폐전쟁》이란 책에 등장해 유명해진 '양털 깎기'라는 말이 있다. 농장주들이 양털을 풍성하게 기른 후 한 번에 깎는 행위다. 이것에 빗대어 경제에 버블을 유도하고, 순식간에 서민의 주머니를 털어 가는 이윤추구 행위를 말한다. 국제 금융재벌들이 서민들의 이득을 뺏는 상황을 양털 깎기에 비유한 것이다. 그에 따르면 국제 금융재벌들은 시중에 돈을 실컷 풀어놓고 경제적 거품을 조장한다. 그렇게 사람들로 하여금 투기에 집중하게 만든다. 그런 다음 통화량을 갑자기 줄여 경제 불황과 재산 가치의 폭락을 유도한다. 그러곤 우량 자산의 가격이 하락하기를 기다렸다가 싼 가격에 사들인다는 것이다.

나는 서브프라임 모기지 사태 이후 이런 금융파생상품을 만들어 금융위기를 유발하는 주체가 누구인지 궁금했다. 중앙에 서 있는 무리는 지금은 월스트리트가 있는 미국의 투자회사들로 보였다. 그런데 월가의 역사부터 네덜란드의 동인도회사와 튤립 투기를 일으켰던 과거까지 들여다보면서 중심에는 유대인이 있다는 것을 알았다. 화폐경제 시스템 속의 부와 권력과 정치의 핵심에는 유대 민족이 있는 것이다.

네덜란드 동인도회사의 대주주는 유대인이었다. 제2차 세계대전 후 그들의 많은 수가 미국으로 넘어와 뉴욕을 세계 경제 수도로 만든 것이다. 유럽과 미국에서는 산업화시대로 넘어오면서 막대한 자금을 운용하는 금융업에 종사할 사람들이 필요했다. 하지만 돈을 죄악시하던 청교도인들로 인해 유대인들이 금융업을 차지하게 되었다. 지금의 미국 통화발행권을 가진 연방준비위원회도 모두 유대인들이 세운 것이다. 그러니 전 세계 금융자본을 주무르는 민족이 유대인인 것은 당연하다.

유대인들은 어떻게 이렇게 금융의 핵심 민족이 된 것일까. 유대인들의 격언을 보면 돈이란 악함도 저주도 아니며, 인간을 축복하는 것이다. 유대인들은 자신이 가지고 있는 것을 그것을 필요로 하는 사람에게 파는 것은 상술이 아니라고 가르친다. 그리고 돈은 기회를 만들어 준다고 믿는다. 그 어떤 민족보다 돈에 대한 인식이 남다르다. 그리고 그것을 철저히 이용한 것이다.

2008년, 나는 수능을 준비하는 고3이었다. 서브프라임 모기지 사태보다 내 인생이 걸린 시험이 더 급했다. 그래서 경제위기가 어떻게 지나갔는지도 몰랐다. 대학교에 입학하고 나서야 어떤 일이 벌어졌는지 수업시간에 알게 되었다. 경영학부에서는 경제 수업도 함께 들을 수 있었기 때문이다. 나는 '시장경제와 거시경제' 시간이 즐거웠다. 회계, 재무 시간보다 오히려 경제에 관심이 갔다.

거시경제 교수님은 우리에게 이론으로만 수업하지 않으셨다. 실제 학교가 있는 지역 시에서 스타디움을 건설할 때 들어간 돈과 예산 이야기들을 해 주셨다. 그렇게 현실적인 경제 수업을 해 주셨다. 당시 스타디움 이름을 와 스타디움으로 지었는데, 교수님은 와~ 하고 무너지고 싶어서 예산을 그렇게 쏟아부은 거라며 유머 섞인 농

담을 했었다.

나는 경제 책에 나오는 이론이 실제로 현실과 일치하는 경우가 얼마나 되는지 궁금했다. 특히 수요와 공급 곡선에 의해 가격이 결정된다는 것이 의아했다. 그렇다면 수요만 있고 공급이 단 한 개로 유일하다면 부르는 게 값이어야 한다. 하지만 실제로 무한대의 금액을 지불할 용의가 있는 사람들이 얼마나 될지 궁금했다.

우리나라 지수에 투자하기 위해서는 신흥국으로 자본이 들어와야 한다. 그래야 지수가 안정적으로 올라간다. 그렇다면 그 흐름을 타기 위해서는 달러의 향방을 항상 예의주시해야 한다. 원화가 강세가 되면 외국인들은 환차익을 위해 삼성전자와 SK하이닉스 주식을 산다. 그러면 코스피 지수가 올라간다. 그런 만큼 세계 기류가 달러 약세로 흘러가고 있는지를 봐야 한다.

연준이 금리를 올린다는 것은 달러를 약세로 만들겠다는 것이다. 재정적자가 더 이상 버틸 수 없을 만큼 커졌을 때 달러의 가치를 하락시켜야 빚이 적어지기 때문이다. 그 의지를 나타내는 것이 바로 금리 인상이다. 실제로 연준이 금리를 올린 2017년 한 해 동안 달러가 약세가 되었다. 그런 만큼 우리나라와 신흥국들의 지수가 연일 상승했다. 다만 트럼프의 무역전쟁으로 변수가 나타났지만 큰 흐름대로 다시 돌아오고 있다.

04

완벽한 분산투자법을
활용하라

"달걀을 한 바구니에 담지 마라."

제임스 토빈이 한 이 말이 전 세계 신문의 헤드라인을 장식했다. 개인 투자자에게 분산투자란 안전을 위해 반드시 해야 할 투자법으로 보인다. 내가 믿는 한 종목에 모든 자금을 투자했다가 반 토막이 나면 멘탈이 붕괴될 것이기 때문이다.

그래서 주식투자를 시작할 때 처음에 5~10종목을 선정해 포트폴리오를 만든다. 그런데 초보투자자인 개인이 선정한 포트폴리오가 정말 분산투자 위험을 얼마나 줄여 줄 수 있을지 의문이다. 투자 자금이 소액인지라 내가 원하고 가치가 높은 기업의 주식을 한 주씩 사는 것도 힘들다. 그런데 단 몇 종목을 보유해서는 분산투자의 효과를 보기 어렵다.

나름대로 종목을 분산해 포트폴리오를 운영해 봤다. 문제는 내가 산 종목에 확신이 없었다는 것이다. 확신 없이 주식을 매매하면 잦은 매매로 수익률이 떨어진다. 그리고 수익을 생각보다 많이 본 종목을 팔고 나면 거래비용에 다시 놀란다. 내가 분석해서 두려움을 이겨 내 얻은 나의 수익을 증권사와 나라에 나누어 주어야 한다. 개별 주식마다 매일 뜨는 뉴스도 챙겨야 하고 기업 분석도 해야 했다. 하지만 솔직히 이렇게 주식투자를 하는 것은 피곤했다.

투자의 대가들이 가지고 있는 포트폴리오와 우리가 구성한 포트폴리오의 가장 큰 차이점은 바로 정보다. 우리가 아무리 산업과 종목을 분산해 사도 개인에게는 정보의 한계가 있다. 그동안 자신의 원칙을 가지고 수익을 본 투자의 대가들은 정보가 우리보다 빠르다. 그럴 수밖에 없는 것이 우리는 시간을 직장에서 업무를 보는 데 써야 하고, 이제 막 투자를 시작한 주식 초보자들이기 때문이다. 설령 전업 투자자라 할지라도 주식에 영향을 주는 신속한 정보는 얻기 힘들다. 우리는 뉴스 기사를 통해 경제 소식을 접해야 하는 일반 대중이니까 말이다.

외국인, 기관, 고액 투자자들에 비해 우리가 포트폴리오를 완벽하게 짤 수 없다면 시장에서 지는 게임을 시작한 것이다. 분산투자를 하겠다고 열심히 기업을 분석하고, 차트를 보고 타이밍을 노려서 들어가도 시장을 이길 확률은 희박하다. 운이 좋아 몇 기업은 수익이 나도 반드시 손실이 나는 기업들도 생긴다.

개인의 분산투자의 함정이다. 포트폴리오를 구성해 가치투자를 해 보려 해도 각 기업의 불확실성과 거래비용이 우리의 수익을 우상향 방향으로 가지 못하게 한다. 그렇다면 우리는 종목을 우리가 고르는 방법이 아닌, 완벽한 분산투자법을 이용해야 한다.

분산을 하는 방법의 요소로는 시장, 기간, 나라, 자산이 있다. 나는 이 중 시장과 기간을 분산해 사는 법이 직장인에게 가장 현실적이라고 생각한다. ETF는 한 주만 사더라도 여러 종목에 분산투자를 하는 효과가 있다. 증권사에서 시장 지수를 추종하도록 종목을 구성해 두기 때문이다. 그리고 우리가 굳이 종목을 넣거나 빼지 않아도, 증권사에서 종목을 조절해 준다. 그렇다고 수수료가 높지도 않다. 월급으로 투자하니 자연스럽게 기간도 분산된다.

그런데 처음에는 정말 투자에 겁도 없이 마구 도전했다. 월급으로 투자하면 수익률이 적으니 모아 둔 예금을 한 번에 투자한 것이다. 나는 분산투자보다는 빠른 수익을 원했기 때문이다. 그런데 내가 빠른 투자를 원하면 원할수록 반대로 손실이 자꾸 늘어났다. 운이 좋아서 한번 큰 수익을 보고 나면 다시 더 큰 금액을 투입했다. 그러다 손실이 커지면 놀라서 매도했다. 이렇게 기간을 분산시키지 않고 매매하면 악순환이 반복된다.

모 아니면 도의 확률보다 조금씩이더라도 패를 살려서 꾸준히 수익을 얻는 것이 주식시장에서는 안정적으로 수익률을 올리는 방법이다. 아니 사실 주식시장뿐만 아니라 사업을 하거나 나라를 이끄는 데도 분산투자는 당연히 위험을 줄이기 위해 해야 하는 방법이다.

우리나라의 석유 소비 수준은 세계 5위다. 그런데 우리나라의 원유 수입국 비중을 보면 중동 의존도가 82%다. 그나마도 오일쇼크가 있고 나서 전문가들이 계속 원유 수입국 다변화를 외쳐서 낮아진 것이다. 중동에 전쟁이 발발하면, 자원 발전소부터 망가지게 된다. 그렇게 되면 100% 석유 자원을 수입하는 나라인 우리나라에도 큰 충격이 오게 된다.

자연생태계에도 한 종의 생물만 존재하지 않는다. 여러 생물들이 존재하고 서로 어우러져 생태계를 이룬다. 생물다양성이란 지구상에 존재하는 생명 전체를 일컫는다. 생물학자들은 자연계를 구성하는 모든 종이 상호의존적이라고 본다. 따라서 다양성을 보존하는 것을 중요하게 생각한다.

우리나라가 IMF 구조조정을 겪었을 당시 물가가 치솟았다. 그렇지만 다행히 달걀 물가는 크게 오르지 않았다. 조류독감이 유행하면 달걀이 들어간 음식인 김밥부터 빵까지 크게 물가가 오른다. 그것을 생각하면 그 당시 달걀 가격의 안정은 밥상 물가에 도움이 되었을 것이다. 자연생태계에는 이처럼 여러 종의 생물이 존재하며 에너지가 순환된다.

주식시장에서도 순환을 인식하고 투자해야 한다. 완벽한 분산투자인 시장 지수ETF는 어느 한 업종에 불황이 오더라도 다른 업종에서는 수익이 나고 그것이 시장 지수를 이룬다. 한 업종이 크게 하락했다는 뉴스에 깜짝 놀라 손절매를 하지 않아도 된다는 뜻이다. 시대에 맞지 않는 업종은 도태되거나 사라지고 새로운 기술과 패러다임은 더 빠른 속도로 변한다. 그런데 한 업종에 모든 자산을 맡긴다는 것은 위험과 불안을 가지고 투자하는 것이다. 이는 우리가 주식투자에서 성공할 확률을 낮추는 것이다.

'경영혁신' 수업시간에 코닥은 현실에 안주하다가 망하게 된 가장 대표적인 사례로 꼽혔다. 한때 잘나가던 필름회사인 코닥이 시대의 변화와 혁신을 거부한 채 사라졌기 때문이다. 디지털 카메라는 코닥에서 처음 발명했다. 하지만 코닥은 자신들의 수입이 위협받을 것이란 판단에 시판하지 않았다. 그리고 후에 다른 기업들이 디지털 카메라를 내놓자 필름 카메라만 고집하던 코닥의 카메라 시장점유율은 크게 떨어졌다. 1970년대까지만 해도 90%의 점유율을 가지고 있던 코닥은 2012년 결국 파산신청을 했다. 스마트폰의 등장으로 노키아가 몰락한 것도 같은 사례다.

이처럼 글로벌 그룹의 도태를 우리는 계속 목격해 왔다. 불과 10년 전인 2009년에는 생각하지도 못했던 기술들이 이제는 익숙하다.

카드 없이 휴대전화로 결제하고, 내 차가 주차장에 들어오면 아파트 엘리베이터가 이미 내려와 있다. 시간이 지날수록 기술의 발전은 기업들에 변화하는 불확실성을 끊임없이 혁신하라고 요구하고 있다.

매년 새해가 되면 연도별 트렌드 책이 나온다. 2019년 대한민국 트렌드를 보면 한눈에 공감 가는 사회현상들을 볼 수 있다. 1인 체제, 유튜브, 인간관계, 회사와 개인, 꼰대 거부, 나의 나라 등 여섯 가지 콘셉트가 그것들이다. '나만 그렇게 느끼는 건가'라고 여겼던 부분을 많은 사람들이 똑같이 생각하고 있다는 걸 알 수 있었다. 그리고 기업은 그에 맞춰 우리의 소비 기호를 빠르게 파악하고 있다.

나는 퇴근 후 집에서 밥을 해 먹을 기운이 없다. 그래서 친정에 들를 때마다 반찬을 싸 갖고 온다. 하지만 맞벌이인 남편과 나는 평일에는 집에서 밥 먹을 시간이 없었다. 그런 만큼 시간이 지나자 냉장고가 꽉 차고, 치우는 것이 일이었다. 주말을 빼고는 거의 집에서 밥 먹을 일이 없으니 냉장고에 나물과 같이 빨리 상하는 음식은 잘 두지 않게 되었다. 마트에 장을 보러 가도 이제는 간편하게 요리해 먹는 음식들을 쉽게 구할 수 있다. 가정간편식의 선호도가 높아지고 있는 것이다.

3신가전이라 불리는 로봇청소기, 식기세척기, 빨래건조기가 유행이다. 이것들로 인해 가사 일은 줄고 주부들이 자신에게 투자하는 시간이 많아졌다. 불과 몇 년 전만 해도 여자도 같이 일하는데 부부끼리 가사분담이 잘 안 된다는 사회적인 문제가 이야깃거리가 되었었다. 기업들이 그것을 빠르게 캐치해 소비자 니즈를 충족시키는 가전제품들을 내놓은 것이다.

삼성전자의 권오현 회장이 쓴 《초격차》라는 책이 있다. 이 책을 통해 그가 말하고 있는 점은 우리가 꼭 기억해야 하는 것이다.

"사람들이 삼성의 초격차라고 하면 으레 승자독식이나 1등이 혼자 다 가져가는 것으로 생각하는 경향이 있습니다. 그러나 혼자서 다 가져가는 것도, 혼자만 살아남는다는 것도 모두 잘못된 해석입니다. 그런 방향은 옳지 않을뿐더러 어리석은 일입니다. 만약 한 기업이 한 제품군을 독점한다면 시장의 생물학적 순기능을 잃게 됩니다. 뿐만 아니라 그 기업의 발전과 변신도 멈추게 될 것입니다. 변신을 멈추는 순간 기업은 망합니다. 개인도 마찬가지일 것입니다."

아무리 시장점유율이 높고 1등 기업이라 할지라도 시대에 따라 끊임없이 혁신하고 변화해야 함을 강조한 것이다. 현실에 안주하는 순간 위기는 빠르게 찾아온다. 그러니 몇몇 기업만 믿고 투자 포트폴리오를 짜는 것은 완벽한 분산투자라고 할 수 없다. 그런 만큼 나는 시장에 새롭게 진입하고 그 시장을 주도하는 기업을 따라 수익을 올릴 것이다. 시장에서 쉽게 퇴출되지 않는 완벽한 분산투자법으로 투자를 할 것이다.

05

적립식으로 시작해
거치식으로 운용하라

내 나이 또래의 직장인들이 창구에 오면 반갑다. 어제도 나와 동갑인 분이 새로 이직했다며 급여통장을 만들러 왔다. 서로의 분야에 대해 이야기하며 같은 시대를 살아가는 직장인으로서 서로 위로도 해 주고 자극도 받았다.

창구에서 일하면 나와 비슷한 나이대의 사람들은 어떻게 돈을 모으는지 관찰할 수 있다. 대개는 두 가지 형태다. 적금으로 모아서 만든 목돈을 예금으로 저축하거나, 어느 정도 통장에 쌓인 잔고를 예금으로 굴리는 것이다. 목돈을 꾸준히 만들어 굴리는 쪽은 당연히 앞쪽의 예금자였다. 적금통장을 하나도 가지지 않은 고객들도 많다. 하지만 적금에 계속 가입하는 예금자는 하나의 적금만 갖고 있지 않은 경우가 많았다.

통장에 남은 돈이 목돈이 되었을 때 저축하려고 하면 자금을 모으기 어렵다. 저축도 습관이라는 말이 있듯이 시간을 내어 돈을 모으려고 할수록 다짐은 점점 멀어져 가기 때문이다. 매달 적은 돈이라도 일정하게 모아야 제대로 돈이 모인다. 그렇게 1년 후면 적금 만기 날이 돌아온다. 그렇게 목돈이 모아졌을 때 이자를 더 받을 수 있는 거치식 예금으로 저축하며 굴리면 된다.

주식투자를 할 때도 목돈을 모아서 시작하려고 하면 안 된다. 적금을 붓듯이 매달 일정 비율을 투자하면서 투자하는 힘을 길러야 한다. 그리고 다달이 돈을 모아 큰돈이 된 상태로 투자하려고 하면 주저하게 된다. 아니면 아예 반대로 한 방을 노릴 수도 있다. 주저하다가 시작도 못하면 수익률이 0이고 한 방을 노리면 결국은 실패한다.

직장인은 월급의 일정 부분을 매달 투자하는 적립식으로 투자를 시작하는 것이 가장 좋다. 목돈이 모이는 즐거움뿐만 아니라 자본소득도 함께 얻을 수 있기 때문이다. 내가 모은 돈이 열심히 나를 위해 일해 주기 때문이다. 돈은 물과 같아 고여 있으면 새로운 부를 창출하지 못한다. 계속 흐를 수 있게 자본을 투자해 주어야 하는 이유다. 매달 들어오는 월급을 나에게 멈춰 있게 하지 말고 지수투자로 굴리면 된다.

그리고 투자하면서 늘어난 자금은 거치식으로 운용하면 된다. 거치식 자금은 수익이 날 때 큰 수익을 올릴 수 있다. 그럴 땐 비중에 맞춰서 수익 실현을 하고 현금을 보유한다.

　적립식 투자는 분할매수라는 강력한 장점을 지닌다. 적금은 사실 목돈을 모으기 위한 수단이다. 하지만 목돈이 만들어지면 바로 예금으로 운용하는 것이 좋다. 한 번에 많은 돈을 넣어 두고 이자를 받는 것이 훨씬 유리하기 때문이다. 그렇지만 주식은 한 번에 많은 양을 사면 위험이 분산되지 않는다. 그렇다고 목돈을 일정량으로 나누어 사려고 하면 자꾸 욕심이 생겨 적절한 분할매수가 어려울 수 있다. 이때는 월급으로 들어오는 일정량의 돈을 계속 투입해 나가면 된다. 그러면 굳이 내가 나누지 않아도 정해진 비율로 지수를 적립해 나가게 된다.

　어떻게 이렇게 단순한 방식으로 주식에서 수익을 낼 수 있느냐는 의문이 생길 수 있다. 그 의문을 불식시키듯 많은 개인 투자자들은 이렇게 투자하지 않는다. 주식 창에 빨간불이 켜진 주식만 쫓아다닌다. 그렇게 하거나 차트를 분석해 몇몇 종목에만 자금을 매달 일정량이 아니라 산발적으로 투입한다. 그러다 손실이 나는 종목들이 있으면 손절매를 하거나 포기해 버린다. 그런 만큼 비중 조절을 하기가 쉽지 않다.

　자본시장이 망하지 않는 이상 내가 산 개별 종목은 절대 상장폐지 되지 않을 것이라는 믿음이 있다면 모르겠다. 하지만 불안은 주식투자에 영향이 큰 감정이다. 안정감을 주고 끝까지 수익을 지켜

낼 수 있는 방법을 고수해야 하는 이유다.

신입사원 때 돈을 모아야겠다고 생각하고 적금에 가입했다. 강제로 월급의 일부분을 저축하다 보니 자연스럽게 시간이 지나 목돈이 되었다. 그런데 1년 후 회사에서 신용카드를 만들면서 저축 방식이 달라졌다. 신용카드를 쓰니 월급날 카드 값이 빠져나가야 했다. 그래서 쓸 돈을 쓰고 남은 부분을 저축하려고 자유적금에 들었다. 그렇게 하고 나니 이상하게 월급이 적던 시절보다 돈은 더 안 모였다.

우선순위가 바뀌었기 때문이다. 저축이 먼저였을 때는 저축 후 남은 돈으로 생활했다. 그러다 카드 값을 먼저 생각하다 보니 저축이 후순위가 되었다. 그래서 신용카드를 없애고 다시 체크카드를 사용하며 돈을 모았다. 주식투자를 시작하면서부터는 주식에 가장 먼저 월급을 배분하고 생활비를 썼다. 그렇게 우선순위를 정해 두고 모아야 훨씬 더 빠르게 돈을 모으게 된다.

종잣돈을 모으는 습관은 적은 돈이더라도 매달 일정량을 불입하면서 생긴다. 여유자금이 없다고 생각하고 재테크를 시작하지 않으면 계속 같은 상태에 머무를 것이다. 내가 신입 때의 저축 고객 중 기억에 남는 분이 있다. 그분은 김밥천국에서 배달을 다니는 분이셨다. 그분은 한 달에 몇 번씩 자신의 통장과 어머니의 통장에 1,000원이라도 돈을 저축하기 위해 창구에 왔다. 나는 적은 돈이어도 꾸준히 저축하는 그 모습을 보면서 저축은 마음만 있으면 할 수 있다는 생각이 들었다.

매년 정기예금을 재예치하는 고객 중에는 100세가 다 되어 가는 할아버지 한 분이 계셨다. 직원 중 한 명이 그냥 예금을 해지하셔서 쓰시지 왜 저축하실까 안타까워했다. 그렇지만 그분을 자주 응대했던 나는 이해가 되었다. 평생 돈을 모으고 저축하는 습관을 가진 분이 돈을 해지해 써 버린다는 것은 희망의 끈을 놓아 버릴 때나 가능하기 때문이다. 매년 깔끔하게 차려입고 나타나 큰 목소리로 농담도 하시던 그 고객은 나이가 믿기지 않을 만큼 정정하셨다.

내가 돈을 모으는 가장 큰 이유는 더 나은 내일을 만들고 싶다는 희망 때문이다. 주식을 하는 이유도 나의 인생을 더 나은 방향으로 이끌어 가고 싶기 때문이다. 재테크를 하는 직장인들은 모두 비슷한 심정일 것이다. 내게 주어진 이 자금을 조금이라도 나은 방향으로 굴려서 내 인생에 도움이 되었으면 하는 바람이 있는 것이다.

오늘 내가 넣은 계좌의 잔고는 단순한 숫자가 아니다. 미래의 과실을 따기 위한 씨앗이다. 그러니 텃밭이 좋은 곳에 골고루 심어야 한다. 이미 양분이 빠져나간 텃밭에 씨앗을 뿌리기보다는 비옥한 텃밭을 찾아 씨앗을 심는 것이 낫다.

적립식으로 지수투자를 하며 모은 돈이 목돈이 된다. 그렇게 되면 큰돈이 거치식으로 굴러가게 될 것이다. 우리는 경기 방향과 흐름에 몸을 싣고 비중 조절을 철저히 해야 한다. 목돈을 굴릴 때는 수익률이 크게 영향을 주기 때문이다.

미국이 금리를 내리기 시작하면 상방 주식 비중을 줄이고 현금 비중을 늘려야 한다. 그리고 금리 인하가 가속화되면 월급의 일정량을 인버스ETF(반드시 단기)나 채권ETF에 투자해 나가는 것이다. ETF 투자자는 경기의 방향에 따라 흐름에 맞게 투자해 수익을 올릴 수 있다. 다른 어떤 이유보다 경기의 흐름이라는 큰 흐름을 타고 투자할 것이기 때문에 평가 손실이 났을 때는 인내할 줄 알아야 한다. 그리고 비중을 조절해 가며 투자 수익을 올리는 것이다.

적립식 투자로 투자 습관을 길러야 한다. 한 방에 투자하고 한 번에 빼버리는 투자를 해서는 안 된다. 그렇게 투자 습관이 길러져 버리면 손실이 최대가 되었을 때 정신을 붙잡기 힘들다. 힘들게 모은 목돈을 도박처럼 굴려선 안 되는 이유다.

수익을 지속적으로 얻고, 손실을 최소화시키는 힘은 꾸준한 관심과 노력이다. 무엇이든 하루아침에 이루어지는 성과는 없다. 개인이나 기업도, 더 나아가 국가도 매일 일정량의 자본과 노력의 투입이 있었기 때문에 지금이 있다. 그 과정을 생략한 채 하루아침에 투자로 성공하려고 하는 것은 헛된 꿈을 꾸는 것이다. 요행을 바라지 말고 매달 일정량을 적립식으로 투자하고 모인 돈을 거치식으로 운용하자.

06

지수투자 레버리지를
활용하라

레버리지란 지렛대 효과를 말한다. 자본을 끌어와 내 자본 대비 수익률을 높이는 효과다. 수익률을 높일 수는 있지만 그만큼 손실도 클 수 있어 레버리지는 양날의 검이라고도 한다. 사람들은 집값이 올라갈 것을 기대하고 은행에서 대출을 받아 내 집을 마련한다. 그리고 기업도 투자금 대비 사업 수익률을 높이기 위해 대출을 받아 사업을 한다.

대기업도 실제로 회사 내 자본은 많지만 신규 사업 진출 시 레버리지를 활용한다. 기업의 재무제표를 보면 대비책으로 많은 현금을 유보금으로 쌓아 둔다. 대신 사업 진출 시 드는 비용을 금융기관에서 대출받아 사업을 진행하는 것이다.

레버리지를 활용하라는 말은 주식을 할 때 빚을 내서 하라는 말이 절대 아니다. 빚으로 투자하면 불안감에 투자 원칙을 지킬 수 없다. 때문에 지수투자 레버리지를 활용해야 한다는 뜻이다. 기업이 신규 사업에 진출할 때 레버리지를 활용하듯이 우리도 월급으로 지수ETF를 사게 된다. 그때 현금 비중을 높이고 코스피 레버리지ETF를 사는 것이다.

현금의 중요성은 아무리 강조해도 지나치지 않다. 그리고 레버리지를 이용해 투자하면 그 비중을 더 늘릴 수 있다. 100만 원을 투자한다고 했을 때 코스피 지수에 40만 원을 넣고 현금으로 60만 원을 들고 있느니 레버리지에 30만 원을 넣고 70만 원을 현금으로 보유하는 것이 수익성이나 안정성 면에서 더 좋다는 것이다.

왜냐하면 레버리지는 일별 복리 개념으로 움직이기 때문이다. 그런 만큼 수익이 날 때 더 많이 나고 손실이 날 때 지수보다 덜 나게 되는 경우가 발생하기 때문이다. 레버리지의 위험은 오히려 시장 지수의 추세가 강하지 못하고 횡보할 때 나타난다. 그렇기 때문에 우리는 월급을 받고 주기적으로 균형을 맞춰 줘야 한다. 한 달에 한 번씩 비중 조절을 하게 되면 횡보장에서의 수익률 하락 위험도 감소시키는 효과가 있다.

주식에서 레버리지라고 하면 신용/미수 증거금 형태다. 그래서 증거금을 유지하지 않으면 반대매매가 이루어진다. 내가 팔고 싶지 않아도 주식이 자동으로 팔리는 것이다. 하지만 코스피 지수 레버리지ETF 투자에는 이런 위험이 존재하지 않는다. 또한 신용으로 거래할 경우 투자 원금보다 더 많은 손실을 볼 수도 있다. 하지만 레버리지ETF는 최대로 손실을 보아도 내가 투자한 원금만큼만 손해가 난다. 레버리지의 장점은 살리고 변동성과 위험성을 낮춘 혁신적인 금융상품인 것이다.

위험은 줄이고 수익은 크게 내고 싶은 것이 투자자의 마음이다. 현금 비중을 잘 지키고 레버리지ETF에 투자한다면 그 바람을 이룰 수 있다. 내가 생각하기에 직장인 주식투자 중 가장 안정적이고 수익률이 높은 방법이다. 현금이라는 안전장비를 가지고 레버리지 수익선에 타는 것이다. 그렇게 하면 모든 현금을 적금에 넣는 것보다 안전성과 수익성 두 가지 다 얻을 수 있다.

레버리지는 지렛대 효과다. 모든 지렛대에는 포인트가 있다. 최적의 위치에 포인트를 두고 작은 노력으로 큰 보상을 받는 것이다. 그런데 이제는 그 포인트가 바뀌고 있다. 과거에는 부모님들 말처럼 안정적인 직장에 들어가 꾸준히 저축하면서 노후를 대비할 수 있었다. 하지만 지금은 대학을 나와도 취업을 보장해 주지 않는다. 실업률은 치솟고 있고 저축한 돈으로 살아가기엔 금리보다 물가가 더 빠른 속도로 올라가고 있다. 시대에 맞지 않는 위치에 포인트를 잘못 둔 우리는 직장에서 긴 시간 최선의 노력을 하며 살아간다. 그렇지만 우리가 기대하던 만큼의 보상은 주어지지 않는다.

제삼자가 되어 내 삶을 지켜본다고 상상해 보자. 잠시 내 머리 위에서 나 자신을 바라보는 것이다. 나는 이 방법을 통해 많은 것을 깨닫는다. 특히 화가 나고 억울할 때 잠시 나라는 사람을 위에서 바라본다고 상상한다. 그러면 '왜 저렇게 화가 났을까. 지나고 나면 아무 일도 아닐 텐데'라는 생각이 든다. 그리고 이내 화는 가라앉는다.

또한 거울에 비친 모습을 보면서 한 육체에 담긴 내 영혼을 보려고 노력한다. 정말 이 세상을 살아가면서 하고 싶은 것이 무엇인지 묻는다. 그리고 내가 원하는 행복한 삶을 상상한다. 죽어라 일해도 미래가 없을 것 같은 직장인의 삶이 아니다. 조금씩 완성되어 가는 자본소득 파이프라인을 가지고 마음껏 자유롭게 여행하며 사는 삶이다.

누군가는 지렛대 포인트를 제일 끝에 두고 낑낑대며 죽을 때까지 그 포인트를 옮길 생각을 하지 않는다. 주변 사람들이 말하는 것처럼 성실하게, 몸이 성할 때까지는 밖에 나가 일하는 것이 최고라 여긴다. 진정으로 자신이 원하는 삶이 무엇인지 고민하지 않는다. 고민하지 않으니 지금 자신의 상황을 똑바로 볼 수 없다. 거기에 일조하듯 TV, 유튜브, 인스타그램, 네이버 뿜, 웹툰 등. 잠시 동안 우리의 정신을 즐겁게 해 줄 매체들은 넘쳐 난다.

나는 대학생 때부터 유튜브를 통해 K-POP 리액션을 즐겨 봤다. 집에 오면 밤 12시가 넘는데도 꼭 챙겨 보고 잤다. 공부하고 일하고 집에 들어와 온전히 내 시간을 가지게 되었을 때 가장 많이 본 동영상들이다. 내가 왜 그렇게 K-POP 리액션을 좋아했는지 생각해 봤다. 우리나라 가수들이 최고의 모습으로 퍼포먼스를 하고 그것에 감동하는 외국인들의 모습에 뿌듯했기 때문이다. 그리고 그것이 마치 나를 향한 칭찬인 것처럼 대리만족을 했기 때문이다. 그러면서도 진짜 내 삶에서는 도전보다는 안전을 택했다.

어차피 내 삶은 남들과 비슷하게 흘러갈 것 같았다. 월급을 받아서 저축하고, 남편과 주말이면 캠핑도 가고, 부모님 용돈도 좀 드리고, 소소하게 행복을 추구하면서 사는 삶. 지금과 비슷하게 그런 삶을 살 것이라 막연히 생각했다. 맞벌이 부부이니 남들 소고기 먹을 때 나도 소고기 먹을 수 있겠구나 싶었다. 직장에 다니면서 딱히 꿈이라고 부를 만한 것이 없었기 때문이다.

그런데 주식투자를 하면서 자본 레버리지의 힘을 보았다. 계속 현실에 안주했던 나에게 레버리지는 희망을 보여 줬다. 내가 원하고, 상상 속에서 그리던 삶을 살 수 있다는 확신이 시간이 지날수록 더 강하게 생겼다. 그동안은 월급쟁이로는 절대 안 될 것 같아서 입 밖에도 못 꺼냈었다. 하지만 이제는 그 소망들을 이룰 수 있다. 나는 내 인생의 지렛대의 포인트를 바꾸었으니까.

지수투자 레버리지는 해 보지 않은 사람에게는 불확실함투성이다. 그냥 듣기에는 위험해 보인다. 도전했다가 내 돈만 날릴 것 같다.

레버리지라고 하면 빚지라는 것 같다. 손해났을 때 두려워서 팔 것 같다. 안 좋은 쪽으로 생각할수록 투자하지 못할 이유를 대라면 수십 개도 댈 수 있다. 지렛대를 사용하면 작은 힘으로 무거운 것을 번쩍 들 수 있다고 하는데 믿지 못한다. 도구를 쓸 생각을 전혀 하지 않는다. 사람들이 다 그 도구는 위험한 것이라고 하니까 사용해보지도 않고 그렇게 받아들이는 것이다.

나는 레버리지 투자가 좋다고 누누이 말한다. 그래도 눈앞의 잔고가 10원이라도 손해날까 봐 죽어라 저축만 할 수 있다. 그런데 저축만 하면 손해가 아닐까. 우리가 아무리 외면해도 물가와 세금이라는 비용은 계속 증가한다. 그리고 내가 저축한 돈으로 사업가와 자본가들은 자신들의 레버리지를 사용해 나날이 부를 축적하고 있다.

나는 레버리지가 좋다. 내 월급을 번쩍 들어 주는 지수 레버리지가 있어서 나는 꿈을 꿀 수 있다. 더 이상 가난한 누군가 위로를 건네는 상황 속에서 살고 싶지 않다. 오늘도 지수를 보며 꿈꾼다. 부모님과 남편 그리고 친구들처럼 내가 함께하고 싶은 사람들과 마음껏 시간을 보낼 수 있는 그런 자유를 가진 삶을 말이다.

07

공부는 치열하게,
투자는 단순하게 하라

내가 주식을 할 수 있었던 것은 단순함 때문이다. '주식으로 돈을 벌 수 있다'라는 생각 하나로 시작했다. 어떤 주식을 사야 할지 어떻게 해야 할지 모를 때도 책과 인터넷을 뒤져 가며 하나씩 실행하면서 배웠다. 지금 돌이켜 생각해 보면 무모한 적도 많았고, 손실도 있었다. 하지만 그 덕에 주식이라는 기회를 놓치지 않았다.

우리는 무엇인가를 해야 한다는 생각은 많이 한다. 하지만 대부분 생각에 그치고 실제로 행동하지 않는다. 수많은 기회들이 그렇게 나를 지나쳐 간다. 행동하지 않았기 때문에 꾸준히 공부하지도 못한다. 어차피 내가 잃을 것은 하나도 없으니까 이내 관심 밖으로 밀려나는 것이다. 나는 아이디어가 떠오르면 해 보고 나서 판단한다.

주식공부를 제대로 하고 싶다면 적은 돈이라도 투자를 시작하고 하면 된다. 간단한 원리다. 지금 있는 돈 중 한 주라도 코스피 지수 ETF를 산다. 그러면 내가 산 금액보다 올라가는지 내려가는지 잔고를 통해 수익률이 보인다. 그러다 보면 왜 이렇게 등락했는지 궁금하다. 결국 경제 뉴스를 찾아보고 우리나라 경제와 세계 경제 상황이 어떤지에 관심을 기울이게 된다.

그렇게 시작하면 된다. 신문을 읽고 경제 흐름을 파악한 후 시작해야지. 아니면 '이 투자법에 관한 두꺼운 책을 읽고 나서 시작해야지'라고 결심한다고 하자. 그러면 관심과 열정이 지속되기 어려워 제대로 시작도 못한다.

나는 아침에 출근하면서 어플로 주식 잔고와 무슨 경제 이슈가 있었나를 확인한다. 기사를 읽고 전문가들의 분석 글을 보며 경제와 금융에 친숙해진다. 모르는 용어가 나오면 검색해 찾아본다. 금융이나 경제 용어들은 일부러 어렵게 쓰는 경우가 있다. 이럴 때 쉽게 풀어놓은 글들을 보면 도움이 된다. 양적완화라는 말도 사실은 돈을 많이 풀었다는 말이다. 그런데 신문 기사에서 처음 본 날에는 무슨 말인가 했다.

"악화가 양화를 구축한다."

나는 이 문장을 잊을 수가 없다. 처음 이 문장을 경제 관련 글에서 보았을 때 무슨 말이 하고 싶은 것인가 했다. 아무도 이해를 못하게 일부러 저렇게 말을 만들었나 싶을 정도였다. 쉽게 말해 나쁜 화폐가 좋은 화폐를 몰아낸다는 말이었다. 순수 금으로 만들어진 화폐는 집에 보관해 두고 합금이나 질 낮은 화폐만 유통시킨다는 것이다. 흔히 우리가 아는 구축이라는 단어와는 정반대의 의미다. 그래서 경제 용어는 실제 생활에서 내가 이해할 수 있게 풀어쓴 글을 보는 것이 좋다.

중학생을 위한 금융경제 교실을 준비하면서 실제로 내가 더 많이 배웠다. 학생들에게 쉽게 설명해 주기 위해서는 용어에 대해 정확히 이해하고 있어야만 했다. 그래서 금융감독원 홈페이지에 올라온 자료들을 공부하면서 PPT를 만들었다. 단순히 아이들에게 금융이 무엇이냐고 물어보고 쉽게 풀어 설명해 주면서 나는 새롭게 금융을 인식하는 계기를 가졌다. 금융업에 종사하면서 그동안 익숙해 있던 용어들이 사실은 일상생활에서는 잘 쓰지 않는 용어들이었다.

용어를 알면 금융칼럼을 읽는 것이 즐거워진다. 처음 금융칼럼을 봤을 때 외계 용어가 난무하는 듯해 아무 흥미를 느낄 수 없었다. 이제는 각 전문가들이 추천하는 재테크 방법을 읽는 것이 즐겁다. 각자 추천하는 방식은 다르지만 전문가들이 경제를 보는 시각을 알 수 있기 때문이다. 물론 금융상품을 팔아야 하는 입장이니만큼 직접 투자하지 말고 간접투자 상품을 이용하라는 글들이 많다. 그런 글들은 읽고 스스로 판단하면 된다.

나는 요즘 조셉 머피의 책을 보고 있다. 잠재의식이 가진 힘을 매일 느낀다. 주식투자를 하려면 정말 중요한 것은 멘탈이다. 내가 하고 있는 투자를 믿어야 꾸준한 수익을 올릴 수 있기 때문이다. 이 책을 보고 출근길에 엘리베이터를 타러 가며 성공 확신을 말한다. "나는 부와 건강, 행운이 철철 넘친다. 내가 하는 일은 무엇이든 잘 된다."라고.

신념을 가지고 계속 말하면 투자할 때도 정말 그렇게 되어 간다. 지금 내가 욕심을 부리고 있는지, 지금 이 순간 매도를 참아야 하는지 판단하는 데 도움을 준다. 모든 잠재의식이 현명한 투자자로서 잘 살아가도록 돕는다.

학생 때 시험공부를 밤새워 한 적이 있다. 시험 전날에는 최대한 책을 많이 보고 가는 것이 가장 도움이 될 것이라 생각했다. 그래서 졸린 눈을 비벼 가며 공부했었다. 그런데 어딘가에서 뇌는 우리가 자는 동안에도 활발하게 움직인다는 말을 들었다. 생각해 보니 나는 잠을 자고 일어나면 아이디어가 샘솟았다. 무엇인가 하고 싶은 일이 문득 떠오르는 순간들이 잠을 자고 일어났을 때가 많았다. 그래서 그 사실을 인지하고 나서부터는 무리해서 밤을 새워 가며 공부하지 않았다. 잠자기 직전에 요점 정리가 된 노트를 읽고 시험 전날에도 충분한 수면을 취했다. 그렇게 습관을 바꾸고 나니 오히려 시험에 집중이 잘되어 점수가 올라갔다.

내가 주식으로 꾸준히 수익을 낼 수 있다고 확신하면 정말로 그렇게 된다. 이는 수익이 났을 때 적절한 시기에 실현하고, 위기에 알맞게 대응할 수 있는 힘이 되어 준다. 그런데 마음가짐을 주식은 위험해서 모든 걸 잃을 수도 있어, 라고 갖는다고 하자. 그러면 위기가 왔을 때 손실을 참지 못하고 주식투자를 그만두게 된다.

정말 확신을 가지고 믿기만 하면 그렇게 된다는 사실을 최근에 또 경험했다. 회사에서 전국 보험 프로젝트에 3명의 직원을 보냈다. 나도 그중의 한 명이었다. 정해진 실적을 달성하면 일주일간 제주도 연수를 보내 주는 포상이 걸려 있었다. 나는 그냥 내가 그곳에 갈 것이라고 믿었다.

실적 마지막 날. 그날 하루에 보험계약을 열 건 정도 달성하지 않으면 연수를 갈 수 없는 상황이었다. 보통 일주일에 한두 건 정도를 계약하는데 하루에 열 건을 해야 한다니. 지금 생각해 봐도 참 신기한 하루였다. 아침부터 창구에 온 고객이 자신과 가족들 모두 실비보험이 없다고 했다. 그래서 온 가족의 실비보험을 가입해 주고 갔다. 그리고 매일 오던 자동차 정비소 사장님이 자신의 보험과 아들의 종합보험을 가입해 달라고 했다. 그리고 이어서 오는 고객들에게 만 원대의 치매보험과 운전자보험을 권했더니 대부분이 가입해 주었다. 나는 그날 정말 열 건의 보험계약을 달성해서 제주도를 다녀왔다.

내가 원하는 것을 확신하고 생생하게 상상하면 정말로 그렇게 된다. 주식투자에서 불안과 공포, 두려움은 손실을 불러온다. 하지만 매달 들어오는 주식 수익을 생각하고 투자하면 주식으로 매달 월급을 한 번 더 받을 수 있다.

누군가는 부정하며 손사래를 칠 때 나는 내가 원하는 대로 상상하고 이루면서 살아간다. 일기도 제대로 못 쓰던 내가 책 쓰기를 하고 있다. 어렸을 적 웅변학원에서 말 한마디 못하던 내가 지금은 사람들 앞에서 강연하는 것을 꿈꾼다. 잠재의식이 현실로 받아들이면 그대로 이루어지기 때문이다.

주식투자가 나에겐 인생의 기쁨이다. 주식은 나에게 풍요로움을 준다. 그리고 자본의 빠른 증식 속도를 향유하게 해 준다. 나에겐 그것을 마음껏 누릴 자격이 있다. 내가 치열하게 공부하면서도 단순하게 투자하는 이유는 주식으로 인해 내 계좌 잔고가 늘어날 것이란 확신이 있기 때문이다.

08

성향에 맞는
투자의 황금비율을 찾아라

주식투자 초창기부터 ETF 투자 공부를 같이 하는 4명이 있다. 한 명은 나와 비슷하게 공격적인 투자형이고 2명은 안정지향형이다. 그중에서도 한 명은 거의 투자금을 100만 원 이상 두지 않는 안정지향형이다. 그러다 보니 공격적인 투자자인 나와 한 명만 주식시장에 꾸준히 관심을 가지고 치열하게 공부했다. 그러나 다른 두 사람은 거의 신경을 쓰지 않고 있다. 투자자들은 각자에 성향에 맞는 비중으로 투자를 한다.

증권사별로 본인의 위험 성향을 파악하는 툴을 제공한다. 계좌 개설 시 성향을 체크해서 저장해 둘 수도 있다. 나는 처음 투자를 시작할 때 먼저 내 성향을 파악했다. 주식으로 어떻게든 수익을 내겠다고 호기롭게 시작한 터라 위험선호형으로 나왔다. 겁도 없이 가지고 있던 목돈을 모두 투자했다.

새로운 금융상품에 도전할 때마다 위험도가 높을수록 변동성이 놀라울 정도로 심했다. 특히 선물거래를 할 때는 하루하루 빠져나가는 정산차입금을 보고 있자니 간이 떨렸다. 계약을 생각보다 많이 샀을 때 지수가 떨어지자 마진콜(증거금 부족 시 강제 청산)이 들어올까 봐 조마조마했다. 그러면서 내가 여기까지는 감수할 수 없다는 것을 깨달았다. 그리고 선물이 모두 수익으로 돌아 나온 날 미련 없이 모두 청산하고 선물계좌를 해지했다.

나는 현금과 코스피 레버리지ETF로 주식을 운용한다. 그 방식이 가장 내 성향에 맞는다는 것을 알았다. 만족할 만한 수익도 얻으면서 목돈을 넣어도 지수가 떨어질까 봐 두렵거나 걱정되지 않았다. 정치, 경제적인 요소로 지수가 떨어져 평가 손실이 난 상태에서도 흔들리지 않고 투자할 수 있었다.

나는 투자 종목을 명확히 했다. 그리고 현금과 주식의 비중을 어떻게 할 것인지 고민했다. 처음에 가지고 있는 돈을 모두 투자하고 나니 일상생활이 안 되었다. 그렇게 손실이 떴을 때 내가 어느 시점에 가장 공포를 느끼고 견딜 수 없는지 알아 갔다. 나 같은 경우는 위험성향이 높아 주식과 현금 비중을 7:3으로 두었다. 그렇게 비율을 맞추자 마음도 안정되었고 수익도 꾸준히 늘었다.

공격적 성향의 투자자들 대부분은 하락장에서 안전지향 투자자들보다 평가 손실이 클 수밖에 없다. 벤저민 그레이엄은 "강세장에서 최대의 도박으로 최대의 이익을 얻는 사람은 항상 필연적으로 뒤따르는 약세장에서 큰 손실을 보는 사람들이다."라고 말했다. '나는 하향하는 순간을 피할 수 있겠지'라고 생각하고 투자해서는 안 된다. 약세장에서도 흔들리지 않고 투자할 수 있는 방식으로 해야 한다.

안정적 성향의 투자자의 경우 하락장에서는 손실이 크지 않다. 그렇지만 상승장에서의 수익도 크지 않다. 꾸준한 수익은 우리가 주식투자를 계속해 나갈 수 있게 해 주는 에너지다. 적어도 투자 자금의 20%는 코스피 레버리지에 투자하는 것이 수익성과 안전성 모두 취할 수 있는 비중이다. 그래도 걱정된다면 정말 소액으로 해 보아도 된다. ETF는 매매가가 저렴해 소액으로 충분히 투자할 수 있다. 그리고 비중을 맞추며 수익을 실현하다 보면 자금은 어느새 불어나 있을 것이다.

관성은 자연에만 존재하는 것이 아니다. 사람에게도 관성이 있다. 변화가 생기면 다시 원래대로 돌아가려고 한다. 다시 길을 들이기 위해서는 반복적인 행동이 필요하다. 투자를 처음 시작하는 투자자에게도 관성이 있다. 조금 해 보다가 이내 신경 쓰고 싶지 않아 다시 돌아가려고 하는 것이다. 그렇기 때문에 조금씩이라도 수익을 실현하면서 자본증식에 길을 들여야 한다.

예금하러 오는 고객들에게 출자 통장을 만들면 세금우대를 받을 수 있다고 설명한다. 이자 소득세를 감면해 줘 1.4%의 세금만 내고 이자를 받게 되기 때문이다. 그런데도 처음 들어 보는 방식에 일단 거부감을 표시하는 고객들도 많다. 내 입장에서는 당연히 좋은 혜택이고 이용해야 한다고 생각하는데 말이다. 그런데 고객들은 이상한 것을 권유한다고 생각하는 것 같다. 아무리 나에게 좋은 혜택이 있어도 그동안의 관성을 벗어나려 하지 않는다.

어떤 성향을 가진 투자자든 투자하다가 갑자기 목돈이 필요한 경우를 꼭 대비해야 한다. 그래야 손실이 났을 때 어쩔 수 없이 주식을 팔아야 하는 경우를 피할 수 있다. 작년 선물계약을 사고 손실이 커졌을 당시에 전세계약 만료 시점이 다가왔다. 나는 계약금 1,500만 원을 더 올려 주기로 했다. 나는 공격적인 투자를 하면서도 회사에 만들어 둔 마이너스통장은 비상시를 생각해 절대 건들지 않았다. 급할 때 5,000만 원을 일시적으로 사용할 수 있도록 최후의 방편을 만들어 두었다. 그래서 마이너스통장을 사용해 전세금을 올려 주었다. 그러곤 선물계약을 팔아야 할 시점을 기다렸다가 550만 원의 수익을 실현할 수 있었다.

목돈이 필요한 시점이 겹치면서 많은 돈이 한꺼번에 필요했다. 가지고 있던 현금이 모두 바닥나고 마지막 보루인 마이너스통장을 쓰게 된 것이다. 그때 내가 선물을 포기하고 팔았다고 하자. 그러면 마이너스통장을 고정금리로 단순 계산했을 때 대략 16년치 이자를 날린 것이 된다.

살다 보면 예상치 못하게 돈이 필요한 경우들이 생긴다. 그런 시기를 대비한 쿠션을 얼마나 쌓느냐에 따라 수익률은 크게 차이가 난다. 직장인들이 갑자기 조달할 수 있는 자금에는 한계가 있다. 항상 자금이 급박한 시기를 염두에 두어야 하는 이유다. 자금을 조달할 수 있는 현금과 비상책을 마련해 두고 투자해야 한다.

기준을 세워 두면 위기에 강하다. 위기가 오면 세상이 망할 것처럼 법석을 떠는 사람들이 있다. 아니면 아예 반대로 기회가 왔다며 적극적으로 투자하는 사람들도 있다. 도망자가 되거나 무모한 도전자가 된다. 모 아니면 도의 방식은 위기에 쉽게 무너진다.

결혼을 준비할 때 여기저기서 해야 할 것들이 많이 들렸다. 결혼식장부터 각 집안에서 챙겨야 할 것들까지. 나는 결혼이라는 신세계를 보았다. 그리고 나와 남편은 결혼에 기준을 정했다. 서로 원하는 것과 부모님들이 원하는 것을 종합해 봤다. 양가 부모님은 격식을 차리지 않아도 된다고 하셨다. 우리 또한 비용을 줄여 우리의 시작에 보태고 싶었다. 그렇게 정하고 나니 다른 사람들은 무엇을 했는지 찾아보지 않게 되었다. 인생의 대소사는 자신만의 기준이 있어야 소모적인 낭비를 줄일 수 있다.

개인마다 투자의 황금비율은 다르다. 지금 자신에게 가장 맞는 비율을 찾아 정해 두면 욕심이 생길 때마다의 과도한 물량 투입을 막을 수 있다. 정해진 현금 비중은 꼭 가지고 있어야 한다. 특히 변동성이 큰 파생상품 거래를 하면서 알았다. 내가 롯데타워 꼭대기에서 안전장치 없이 위험한 곡예를 하고 있었음을 말이다. 그리고 가장 중요한 사실을 깨달았다. 주식투자의 안전장치는 현금이라는 것을 말이다.

성향에 맞게 비율을 맞춰 두면 위기에 흔들리지 않고 갈 수 있다. 자본시장이 존재하고 내가 살아 있는 동안 주식시장은 열릴 것이다. 매일 주가는 등락을 반복할 것이다. 그 짧은 등락에 모든 걸 걸고 투자하려고 하면 스트레스만 받는다. 원칙과 비중을 정하고 길게 보며 가야 하는 이유다.

처음 투자할 때 개인 투자자는 장기투자를 해야 한다는 조언을 많이 들었다. 하지만 조금이라도 더 수익을 얻고 싶어 개별 주식에 돈을 넣었다가 뺐다가 부산스럽게 투자했다. 그렇게 돌고 돌아서 찾은 장기투자법은 현금과 지수 레버리지의 비중 조절 포트폴리오다. 한 기업이 망할까 봐 걱정하면서 그 기업에 대한 정보만 찾기보다는 거시경제의 흐름에 집중하게 되니 투자가 더 즐거웠다.

나는 나에게 맞는 비중을 찾고 투자노트에 적어 둔다. 그리고 매달 투자 정리 시기에 비중을 분석해 맞춘다. 그렇게 하다 보면 내가 어느 시기에 비중 조절에 실패하고 욕심을 부렸는지 알 수 있다. 기준점을 정하는 것은 태풍의 눈처럼 주변은 모두 시끄러워도 고요함을 지킬 수 있는 힘이다.

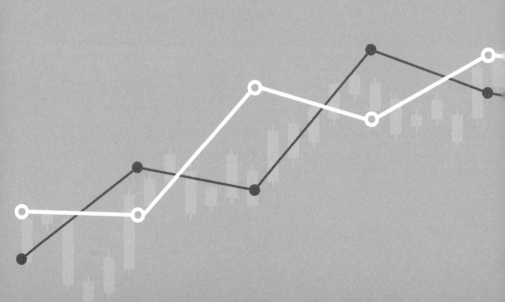

PART 5

나는 주식투자로
매달 월급을
한 번 더 받는다

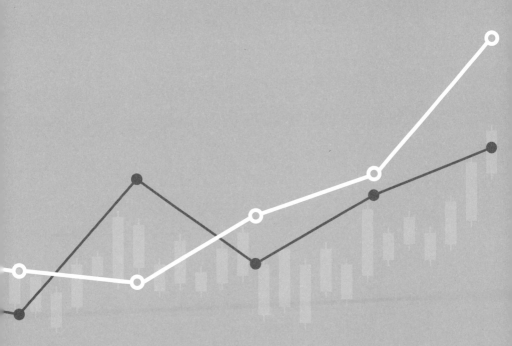

01

회사에 인생을
바치지 마라

급한 일이 끝나면 다시 시작. 일은 끊이지 않는다. 직장생활을 하면 기간마다 슬럼프가 온다. 아무 생각 없이 바쁠 때는 이 시기만 지나면 괜찮아질 것 같다. 하지만 매번 돌아오는 행사는 왜 이렇게 많고 끝도 없는지. 열심히 일하다가도 어느새 지친 나를 발견한다.

신입사원일 때는 잡무가 많았다. 업무도 능숙하지 않아 매번 혼나면서 힘들었다. 그래서 그때는 시간이 지나 선배가 되면 좀 나아지겠지 싶었다. 그런데 막상 시간이 지날수록 맡는 업무는 더 많아졌고 책임도 늘어났다. 물론 그에 따라 기본급도 5만 원 늘었다. 하지만 내 영혼은 점점 고갈되어 가고 있음을 느껴야 했다.

나만 그런 것이 아니라는 사실이 나를 계속 현재에 머무르게 했다. 주위를 둘러보아도 다들 힘든 상황에 직면할 때마다 "직장생활이 다 그렇지 뭐…."라고 말했다. 가족들에게도 마음껏 힘듦을 털어놓을 수 없었다. 뭐가 이렇게 답답하고 힘든 것인지. 회사생활을 하면서 흰머리만 늘어 갔다. 두통과 장염, 위염부터 모든 염증을 달고 살았다.

우리는 왜 직장에 다니면서 당연하다는 듯이 싫은 순간에도 인내하며 일해야 할까. 정신적인 스트레스를 받는데도 그것을 표현하면 사회에 적응하지 못하는 나약한 존재로 낙인찍히는 것일까. 내 의문은 커져만 갔다.

선배들의 모습을 보면 내 미래가 그려진다. 과연 저렇게 사는 게 행복일까 의문이 생긴다. 결혼하지 않은 내 바로 위의 여자 선배는 회사 근처에서 살고 있다. 선배는 휴일이나 야근에 대해 부정적인 생각을 안 갖는다. 회사에서 돈을 주는 만큼 자신은 휴가가 필요 없다고 얘기한다. 나는 회사 밖에서도 하고 싶은 일이 많고 만나고 싶은 사람들도 많았다. 때문에 선배의 말에 공감할 수 없었다.

중·고등학생 아이들을 키우는 지점장님은 친정엄마가 아이들을 돌봐 주신다. 시간이 지나고 보니 아이들이 많이 커 있었다고 했다. 한창 아이들이 크는 예쁠 나이에 일에 미쳐 있었다고 했다. 우리 회사에서 밤 12시가 되어도 집에 들어가지 않기로 유명한 분이다. 그래서 옆에서 보좌하던 여직원들이 버티다 힘들어서 많이 그만두기도 했다.

지점장님은 가족보다 동료보다도 회사가 먼저였다고 했다. 회사의 더 큰 발전을 위해 자신의 모든 것을 투입해 실적을 내셨다. 그리고 성과를 인정받아 지금은 여사원 중 가장 빠른 승진자가 되었다. 하지만 그런 지점장님도 아이들 얘기를 할 때면 종종 눈물을 흘렸다. 그 모습을 보며 생각했다. 내가 회사에 모든 것을 바쳐 일하면 비슷한 인생을 살겠구나….

마지막으로 전무님 이야기를 하고 싶다. 35년을 근무하신 전무님은 곧 퇴직을 바라보신다. 위암에 걸렸던 당시에도 수술 후 단 몇 개월 만에 자리가 위험할까 봐 출근하셨다고 한다. 그러다 이제는 정년이 되어 목숨 걸고 다닌 회사를 떠날 때가 다가온 것이다. 전무님은 다른 곳에 한눈팔지 않고 우직하게 회사를 다니셨다. 하지만 지금은 자신도, 배우자도 건강이 좋지 못한데 자녀까지 아파 걱정이 많으시다. 나는 이번에 전무님의 연말정산을 도와드리며 안타까웠다. 수입은 많으셨지만 자본소득에 대해서는 전혀 신경 쓰고 있지 않았기 때문이다.

같은 시대를 살면서 나보다 먼저 회사생활을 하고 있는 선배들 모습을 보면 내 모습도 그려진다. 어떤 꿈을 꾸고 어떤 마인드를 가지고 있느냐에 따라 회사생활도 달라진다. 그런데 직장인들은 보통 다 비슷하다. 안정적으로 월급을 받아 가정을 꾸려 나간다. 회사 내에서 경쟁하며 매달 업무나 승진을 위한 공부를 한다.

하지만 회사에 필요한 사람이 되기 위한 공부는 이제 그만하자. 나는 요즘 블로그와 SNS 공부를 한다. 내가 직장을 다니면서 활용했던 주식투자 공부법과 정보를 더 알리기 위해서다. 나도 예전에는 회사에서 지원해 주는 금융자격증과 업무 관련 강의를 수강하기 바빴다. 명함에 AFPK(Associate Financial Planner Korea, 개인 재무설계 서비스를 제공할 수 있는 자격증) 자격증을 넣어야 고객들이 더 신뢰한다고 위에서 말했다. 자격증이 많고 업무 관련 공부를 많이 해야 성공할 수 있다고 동료들이 말했다. 다들 똑같은 생각이었을 것이다. 남들보다 빨리 승진하고 회사 내에서 인정받는 직원이 되는 것이 직장인으로서는 성공한 것으로 보이니 말이다.

내 롤 모델이었던 회사 선배가 3년 전 세상을 떠났다. 스스로 세상을 등진 것이다. 나를 포함한 회사 사람들 모두 충격을 받았다. 인사평가에서 항상 가장 높은 순위에 있던 선배였다. 신입사원이었던 나에게 업무를 알려 주고, 고객을 응대하는 방법을 옆에서 보고 배우게끔 해 줬던 사람이었다. 아마 그때부터 나는 회사에 내 인생의 모든 것을 바치지 않겠다고 잠재의식 속에서 결정했던 것 같다.

나는 자기의식과 존재의식이 높아야 세상을 성공자로 살아갈 수 있다고 믿는다. 인생의 주인공은 나다. 환경도 주변도 다 부차적인 것일 뿐이다. 나는 〈한책협〉의 김태광 대표 코치가 운영하는 유튜브 〈김도사TV〉를 즐겨 본다. 바쁜 직장생활을 하며 상사의 질책까지 받을 때면 의식이 낮아지고 힘들다. 하지만 〈김도사TV〉를 보며 소명을 다하는 직업을 찾기까지 모든 직업은 아르바이트라는 사실을 깨달았다.

인터넷에서 본 영국의 소설가 조지 버나드 쇼의 묘비명이 떠오른다. "우물쭈물하다가 내 이럴 줄 알았다." 그리고 나는 어떻게 죽을 것인가 질문해 본다. 그것은 내가 어떻게 살 것인지와 같은 질문이다. 어렸을 때는 남들이 말하는 대로 봉사하는 삶, 그리고 막연하게 타인을 돕는 삶이 가치 있다고 적었다. 하지만 지금은 타인을 돕더라도 나의 존재를 드러내며 영향을 미치는 삶을 살고 싶다. 그저 내가 가진 돈을 주는 기부가 아니다. 내가 가진 지식과 깨달음을 알려 주고 함께 발전해 나가는 삶이 훨씬 더 멋져 보인다.

그리고 어떻게 살 것인가 하는 질문에 대한 내 답은 회사를 위해, 회사가 주는 것만 바라며, 지금의 내 모든 인생을 바치면서 살지는 않겠다는 것이다. 이것은 애사심과는 별다른 문제다. 내 인생과 죽음에 관한 문제이기 때문이다. 우물쭈물하다가 이대로 회사에서 퇴직당하는 것은 정말 끔찍하다. 기숙사에서 돈이 없어 김밥을 못 사 먹었던 때처럼 앞으로 당장 먹고살 것이 걱정일 것이다.

회사에 끝까지 있을 수는 없다. 지금은 나도 회사도 서로를 필요로 한다. 하지만 언젠가 그렇지 않은 시기가 온다. 우물쭈물하다가 이럴 줄 알았다며 후회할 때는 이미 늦는다. 그때 나는 웃으면서 나의 꿈을 계속 실천해 나갈 수 있어야 한다. 그리고 그동안 고마웠다고 직장에 감사하며 홀가분하게 나올 수 있어야 한다.

나는 내 꿈을 위해 주식으로 수입 파이프라인을 만들겠다고 다짐했다. 그러기 위해서는 이 시대가 원하는 공부를 해야 한다. 누구나 막연히 부자가 되고 싶어 한다. 하지만 부자가 되는 방법과 생각에 대해서는 공부를 게을리한다. 다른 사람들은 운이 좋아서 부자가 되었을 거라고 생각할 수 있다. 그리고 자신은 불가능하다고 단정 지어 버릴 수도 있다. 그렇게 생각한다면 말 그대로 그걸로 끝이다. 죽을 때까지 절대 부자가 될 수 없다.

부를 공부하는 법 중 가장 쉬운 방법은 성공한 부자들을 그대로 따라 하는 것이다. 자신의 길을 가고 도전한 성공자들에게는 돈이 따라온다. 그중에 나는 주식을 택했다. 보통 사람들이 나쁘다 생각하고, 로또처럼 시작하는 주식이다. 하지만 나에게는 직장을 다니면서 가장 빠르게 부의 길로 들어설 수 있는 방법이라는 확신이 든다.

나는 시행착오를 겪으면서 투자 원칙을 세웠다. 그렇게 꾸준히 수익을 내는 안정적인 주식투자를 하고 있다. 그리고 무엇보다 주식을 하고 있는 지금 나는 꿈과 목표를 이룰 생각에 가슴이 뛴다. 내가 앞으로 창출할 부와 가치는 회사에서 버는 월급만이 아니다. 노동으로만 돈을 벌려고 했던 과거와 달리 내 자본을 이용해 더 빠르게 자본증식을 이룰 것이다.

02

안정이
위기를 불러온다

직장인은 가마솥 안에서 헤엄치는 개구리다. 솥 안에 있는 것이 밖으로부터의 위험을 피하게 해 줄 수도 있다. 하지만 물이 점점 뜨거워지고 있는데도 개구리는 밖으로 뛰어오르지 않는다. 계속 그 안에 있으면서 자신이 삶아지고 있다는 사실조차 모를 수 있다.

사람들이 절박하지 않은 이유는 지금 직장이 다닐 만해서다. 개구리도 지금은 가마솥 안이 살 만해서 그 속에서 계속 헤엄치고 있는 것이다. 하지만 점점 더 직장은 우리의 삶과 시간을 각박한 현실로 몰아넣을 것이다. 그런 회사지만 내가 원할 때까지 끝까지 있을 수도 없다.

언젠가 회사를 나와서도 우리는 똑같이 이 자본주의 사회를 살아가야 한다. 그때 우리가 시베리아의 한복판에서 반팔에 반바지를 입고 아무 장비 없이 그곳을 벗어나기 위한 여정을 시작할 것인지, 고급 코트를 입고 우아하게 횡단열차에 앉아서 커피를 마시며 여행을 시작할 것인지는 지금 우리가 얼마만큼 간절하냐에 달려 있다.

직장을 나와서 우리가 기본적으로 선택할 수 있는 답안지는 세 가지다. 재취업, 창업, 자산 생활이다. 나는 내 주변에서 세 가지 경우를 골고루 본다. 젊을 때 직장을 그만두는 경우 취할 수 있는 방법은 재취업이나 창업이 대부분이다. 5년 동안 같이 직장을 다니던 동료 중 무려 절반이 그만뒀다.

여직원들은 대부분 다른 곳으로 이직하거나 결혼 후 몇 년 뒤 아이가 생기면서 전업주부가 되었다. 여직원들 대부분이 상사와의 트러블 때문에 그만두었다. 스트레스가 심해 아이가 생기지 않았던 선배는 직장을 옮기고 다행히 임신에 성공했다. 직장 내 사람들과의 트러블이 없으니 마음은 편하지만 급여가 줄어든 것은 아쉽다고 했다. 그리고 남직원들은 이직 아니면 창업을 했다. 무려 2명이 카페를 창업했다.

2년 만에 직장을 그만둔 선배는 항상 5,000만 원이 모이면 카페를 창업할 것이라고 얘기했다. 그리고 정말 통장의 잔고가 5,000만 원을 찍던 달에 사표를 냈다. 그리고 동네 근처에 카페를 창업했다. 우리는 돌아가면서 카페에 찾아가 개업을 축하해 주었다. 그렇지만 카페를 처음 해 본 선배는 1년을 못 버티고 폐업했다. 결국 같은 업종의 다른 직장으로 이직했다.

자산 생활가로는 은퇴한 고객들을 많이 본다. 그들은 통장에 들어 있는 돈에 대한 월 이자를 받아 용돈으로 쓰고, 연금을 받아 생활한다. 넉넉하지는 않지만 그래도 젊어서 저축한 돈으로 생활을 이어 간다. 그러다가 자식이 힘들다고 하거나 돈이 필요하다고 하면 저축한 돈을 또 내어주시는 경우도 많이 본다. 그러곤 나중에 힘들어하신다. 자녀를 키우면서 들어가는 돈 때문에 풍족한 생활은 한 번도 못 하셨던 분들이다. 그런 분들이 나이가 들어서도 자녀 때문에 등골이 휘는 것이다.

우리 지점 건물에는 두 분의 관리인이 계신다. 두 분 다 나이가 70대로 하루씩 교대하면서 밤새워 일하신다. 주차와 건물을 모두 관리하시는데 최저 시급을 받고 일하고 계신다. 그러다 갑자기 한 분이 못 나오는 날이면 다른 한 분이 이틀을 밤새워 일하셔야 한다.

몸이 힘들고 지쳐도 노동의 굴레에서 벗어나지 못하는 것이다. 60대 이후의 재취업률이 치솟고 있다. 통계청에서는 2016년 60세 이상의 취업자 수가 사상 처음으로 20대의 그것을 뛰어넘었다고 밝혔다. 인구구조의 변화도 있지만 노후 대비가 불확실한 노년층이 절박하게 취업전선에 뛰어들었기 때문이다.

그중 평생 안정적인 직업을 가지고 있던 직장인들도 많다. 하지만 직장에서 익힌 기술을 살린 직업보다는 단순노동에 많이 재취업하게 된다. 지금은 1970~1990년대에 태어난 사람들이 사회생활을 하면서 세금이나 국민건강보험, 국민연금 등 사회적인 비용을 내고 있다. 그리고 나라에서는 노인인구 부양을 위해 기초연금으로 25만 원을 지급하고 있다. 그렇다면 우리가 퇴직할 때 사회생활을 하고 있을 2020년대에서 2040년대의 총인구는 얼마나 될까.

지난해 말 저출산고령사회위원회는 한국이 사상 최초로 출생률 0.9명을 기록했다고 밝혔다. 세계적으로도 유례없는 인구절벽이 한국에서 나타났다. 현재 인구를 유지하기 위해서는 평균 2.1명을 낳아야 한다. 그런데 우리나라는 한 명도 채 낳지 않고 있는 것이다. 전 세계적으로 합계출산율이 1명도 안 되는 나라는 우리나라가 유일하다고 한다.

어렸을 적부터 나는 아이를 많이 낳고 싶었다. 결혼할 때도 남편에게 5명을 낳자고 했다. 하지만 남편은 아이를 낳는 것이 아직은 부담스럽다고 했다. 그리고 사실 자신은 아이가 없어도 괜찮다고 했다. 처음 나는 그 말을 듣고 충격을 받았다. 나는 아이가 있는 가족을 계속 상상하며 그려 왔기 때문이다. 그런데 지금 결혼한 지 3년 차인 우리 부부도 임신 계획을 계속 늦추고 있다. 처음에는 아이가 없는 부부는 가족이 되기 전이라고 생각했다. 그랬던 나도 점점 아이를 낳는 것에 대한 현실적인 걱정과 불안이 생겼다.

맞벌이인 우리 부부에게 아이가 생기면 친정 부모님이 봐 주신

다고 했다. 그리고 내 직장과 30분 거리에 있는 부모님 집을 오가면
된다. 내 직장 선배들의 모습을 보면 아직까지 직장생활을 하는 부
장님과 과장님들은 모두 친정에서 아이를 키워 주신다.

나는 그런 삶을 정말 살고 싶은 걸까 심각하게 고민해 봤다. 그리
고 내린 결론은 내 아이를 우리 부모님께 전적으로 맡기고 싶지 않
다는 것이었다. 부모님도 힘들고, 내 아이도 나를 엄마가 아닌 할머
니를 엄마로 생각하게 하고 싶지 않았기 때문이다. 나는 아이가 크
는 모습을 있는 그대로 함께 공유하고 싶다. 하지만 지금 직장인인
나에게는 이룰 수 없는 꿈이다.

그래서 나는 결단을 내렸다. 조금 늦게 낳더라도 내가 아이를 볼
수 있을 때 낳겠다고. 안정적인 직장에 만족하지 않고 더 빨리 부
의 추월차선을 타야겠다는 생각이었다. 꿈이 생기고 그것을 이룬
후 내가 정말 부모가 될 준비가 되었을 때 낳겠다는 결심이었다. 나
에겐 10년 넘게 품어 왔던, 빨리 결혼해 엄마가 되겠다는 가치관이
송두리째 바뀌는 엄청난 결심이었다.

그러려면 내 주변의 대부분의 직장인들과 똑같은 생활을 해서는
안 되었다. 그런 생활습관이 현실에 안주하는 직장인으로 만들었
기 때문이다. 그 결심을 하고 나서 나는 회사 끝나고 동료들끼리 모
여 회사 이야기를 하는 자리를 아예 끊었다. 과거에 그런 자리에 많
이 참석했을 때는 재미도 있고 회사생활에 위로도 되었다. 하지만

지금 생각해 보면 그만큼 소모적인 자리도 없다. 동료들끼리 모여 회사 욕을 하느라 시간만 버렸고, 다음 날이면 숙취로 회사 일에도 지장을 받았기 때문이다.

나는 회사가 끝나면 재빠르게 집에 와서 내 꿈을 향한 계획을 실행했다. 야근 때문에 피곤하다가도 집에 와 노트북을 켜고 책을 쓸 때면 나의 미래가 생생하게 그려졌다. 그리고 성공한 강연가가 되어 있는 나의 모습을 계속 그렸다. 직장에 다니며 열정도 없이 일 기계가 되어 일하다가 저녁이면 소모적인 이야기로 시간을 때우는 삶에서 벗어난 것이다.

지금의 회사는 60세까지 정년을 보장한다. 자녀 학자금도 나오고 복지로 치면 괜찮은 회사다. 나는 이런 안정감에 5년을 회사만 바라보며 다녔다. 회사에서 시키는 일은 주말까지 바쳐 가며 했다.

동료들이 꺼리는 팀에조차 자발적으로 나서서 들어갔다. 5년 동안 소식지 팀에서 회사 사내 사보를 만들고, 영상도 만들었다. 그리고 금융교실 팀에서 중학생을 위한 경제 PPT를 만들어 강의했다. 보험 팀에서는 보험을 팔고 관리하는 매니저 역할을 하면서 인정도 받았다. 그렇게 열심히 일한 대가로 나는 긍정적이고 활달한 직원이라는 평가를 받았다. 하지만 남들보다 많이 일해야 했고, 시간을 바쳐야 했던 나에게 돌아온 것은 더 큰 기대와 당연한 열정이었다.

직장 내에서 받는 인정은 직장을 나가면 리셋이 된다. 오로지 승진과 직장 상사의 칭찬을 받기 위한 스펙 쌓기와 열정페이는 후에 나에게 어떤 생각을 하게 할까 고민했다. 태국의 바다에 빠졌던 그날 나는 죽음에 문턱에서 직장은 0.0000001%도 생각나지 않았다. 오로지 내 눈앞에 있는 남편만 보였다. 그리고 불쌍한 내 인생이 보였다. 현대의 소시민이 되어 버린, 직장인인 한 여자가 여름휴가를 왔다가 바다에 빠져 그렇게 가 버린. 아무도 내가 직장에서 열심히 일했다는 사실을 알지 못한다. 그것은 세상에 이름을 남길 만한 일도 아니다. 그런데도 나는 만족했다. 안정에 젖어 발전을 추구하지 않았다.

지금은 같은 직장을 다니고 있지만 나는 정말 행복하다. 안정적인 직장이 진짜 위기라는 것을 알았기 때문이다. 그래서 직장에 다니면서 진짜 내 꿈과 목표를 향해 나아가고 있다. 나의 의식이 커져 나는 이 직장에서 월급쟁이로 살다가 갈 사람이 아니라는 것을 확신한다. 세상은 내가 상상하는 것보다 작다. 그렇기 때문에 나는 안정적인 직장에 만족하지 않고 내 의식을 믿고 꿈을 실현해 나간다.

03

직장인의 빈부격차는
투자 지식에서 갈린다

직장인들의 재정 상태는 거의 다 비슷하다. 100만 원에서 1,000만 원까지 소득의 차이는 있을 수 있다. 하지만 버는 만큼 쓰는 비용을 생각하면 사는 건 다들 비슷하다. 1월에 연말정산을 할 때 지점장님을 도와드렸다. 지정장님이 번 소득은 나의 2배였다. 하지만 그만큼 지출도 2배였다.

사회생활을 하면 그 자리에 맞는 소비를 하게 된다. 그런데 그런 사회적 비용도 만만치 않아 보인다. 그러니 직장인들은 소득은 제각기 달라도 다달이 안정적으로 들어오는 월급 안에서 먹고 입고 쓰는 것이다. 하지만 직장인 10년 후, 20년 후의 모습은 다르다. 월급으로 얼마만큼 자본을 불려 왔는가에 따라 미래의 모습이 달라지기 때문이다.

왜 1억을 모으는 데 10년이 걸려야 하는 걸까. 무조건적인 노력을 투입한다고 해서 성공하는 것은 아니다. 꿈이 없으니 전략도 없다. 그러니 조준도 하지 않고 월급이라는 총알을 아무 데나 쏘는 것이다. 자본은 빠른 속도로 증식된다. 그저 고인 물에다 모은다고 증식되는 것이 아니다. 가장 자본을 잘 관리하려면 자본이 계속 흐르게 만들어 주면 된다. 자본은 순환하면서 부피를 키운다.

투자 지식은 하루 만에 쌓을 수 없다. 그리고 그 지식을 통해 수익을 올리기 위해서는 반드시 실행해 봐야 한다. 책 읽고 강의를 듣고 '아 그렇구나' 하고 말아 버리면 모르는 것과 다를 것이 하나 없다. 그런데 그 방법이 잘못된 방법일까 봐 두려울 수는 있다. 일반적으로 모르는 투자법에 대해서는 의심이 먼저 생기고 두려움이 생긴다. 그래서 수많은 직장인들이 아예 시도조차 하지 않는다. 하나씩 소액으로 도전하면서 투자 실력을 키울 생각을 아예 안 하는 것이다.

처음 스키장에 가서 나는 보드를 탔다. 겁도 없이 설명도 잘 듣지 않고 보드를 끼우고 리프트에 앉았다. 그래도 다행히 초보자 코스로 올라가는 리프트였다. 리프트에서 내려올 때 크게 다칠 뻔했다. 처음 껴 본 보드가 내 발을 마음대로 움직일 수 없게 만들었기 때문이다. 높은 데서 뛰어내릴 때 두려움으로 인해 더 크게 넘어지기도 했다. 그래도 첫 순간에 데고 나니 나는 굳이 실력도 없이 높은 코스로 올라가지 않게 되었다. 나와 같이 온 몇몇 초보들이 중

급자로 올라가는 게 보였다. 나는 그래도 실력을 쌓게 되면 나중에 올라가야겠다고 생각했다. 그러곤 초급자 코스에서 안전하게 보드를 즐기다 왔다. 그래도 그다음 날 온몸이 아파 일어나지 못했다.

대학교 1학년 때 우리 학교는 의무적으로 기숙사에 입소해야 했다. 내 앞 방에 나와 성격이 비슷한 B라는 친구가 입소해 있었다. 그 친구는 내 이름과 비슷한 한글이름을 가지고 있었기 때문에 잘 기억난다. 그런데 몇 달 후 대외활동으로 스키장에 갔다가 크게 다쳤다는 소식을 들었다. 처음 가 본 스키장에서 상급 코스를 타고 내려오다가 제대로 멈추지 못해서 다쳤다는 것이었다. 나는 그 친구가 빨리 나아서 다시 학교에 나오길 기도했다.

나도 두려움 없이 큰 도전을 갑자기 하는 편이라 남의 일 같지 않았다. 그래서 도전할 때 최대한 빨리 작게 넘어지는 연습을 할 수 있다는 것은 오히려 행운이다. 내가 신입이었을 때 내 직속 선배가 나에게 이렇게 말했다.

"지금은 차라리 실수가 잦은 게 나을지도 몰라. 그래야 빨리 배우고 나중에 더 큰 실수를 하지 않게 되니까."

그렇다. 나는 작은 것부터 계속 실수하며 배워 갔다. 내가 실수하지 않았다면 그냥 넘어갔을 일들을 원칙부터 이해하면서 배울 수 있었다.

운동을 배우는 것도 직장에서 일을 배우는 것도 새로운 도전이라면 실수를 하게 마련이다. 그렇지만 그 실수를 통해 우리는 계속 더 나은 내가 된다. 처음부터 잘만 한다면 한 번도 넘어지지 않고 더 크게 도전했다가 엄청난 시련이 왔을 때 크게 다칠 수 있다.

주식투자를 하는 것도 그렇다. 내 월급 안에서 작게 도전을 계속해 보는 거다. 그리고 왜 수익이 나지 않는지 무엇이 문제인지 계속 알아 간다. 그렇게 투자를 할수록 지식이 쌓인다. 작은 돈이어도 내 돈으로 하는 투자에는 관심이 갈 수밖에 없다. 그런데 투자할 때마다 수익이 몇십 %씩 계속 날 정도로 변동성이 크다면, 결국에는 엄청난 손실로 돌아올 수 있다. 누구나 고위험 고수익이라는 말을 들어서 안다. 하지만 정작 내 돈 들여 투자할 때는 욕심 때문에 장님이 되는 순간이 온다.

나는 조금씩 넘어지면서 투자를 배웠다. 그래도 주식 멘토가 있었던 덕분에 더 큰 손실을 막으면서 투자를 배울 수 있었다. 내 멘토는 처음 나에게 주식투자를 알려 준 선배다. 그런데 나는 배운 대로 하지 않고 자꾸 개별 주식을 사고 신용을 썼다. 그러자 그녀는 나에게 야생마라며 그렇게 하다가는 손실만 커진다고 조언해 주었다. 하지만 어디 한번 생긴 욕심이 단번에 싹이 잘리겠는가. 작은 손실을 반복하면서도 나는 계속 다른 투자 방법을 찾았다. 그것이 다 변동성이 큰 투자법이었다는 게 문제였다.

나는 시간이 날 때마다 주식 관련 글을 봤다. 애써서 본 것은 아니다. 재미가 있었을 뿐이다. 도서관에서 주식 책을 빌려 보고, 그대로 투자도 해 보며 내게 맞는 방법을 찾았다. 그리고 매일 시황 글을 올리는 개인 투자자들의 시황도 보면서 다른 사람들은 어떻게 투자하는지 관찰했다. 그리고 그 사람들의 투자법을 따라 종목들을 매수도 했다. 하지만 나는 그 사람들이 가지고 있는, 자신의 종목에 대한 믿음이 없었다. 때문에 주가가 떨어지다가 약간만 회복해도 주식을 팔았다.

그렇게 시행착오를 여러 번 겪으면서 나는 주식투자를 하는 것이 일상이 되었다. 아침에 눈을 뜨면 지수들을 확인하고 증시 뉴스를 보면서 일어난다. 살아 있는 주식시장 소식을 들으며 나도 살아 있다는 느낌을 받는다. 그리고 그것이 내 인생의 즐거움이 될 줄은 예전의 나로선 상상도 못한 일이다.

사회적인 이슈나 문제를 보아도 주가와 연결 지어 생각했다. 남들이 많이 쓰는 소비재나 요즘 유행하는 것 등 모든 것이 주식과 연결되었다. '외국인들이 한국을 찾아와 경험하는 방송 프로그램이 많이 생긴 것이 우리나라 지수에 어떤 영향을 미칠까?' 방송을 보는 재미도 있었다. 하지만 우리나라에 대한 긍정적인 인식은 분명 우리나라의 신뢰도를 높이고 투자 안정감에 영향을 줄 것이다. 유일한 분단국가인 북한과 우리나라의 갈등이 고조되면 외국인 투자 자금이 빠르게 빠져나가는 일이 흔한 것을 보면 말이다.

재미있는 건 내가 관심을 가지면 가질수록 주식 수익도 꾸준히 늘어났다는 것이다. 악재로 시장의 지수가 떨어지는 순간에도 조금씩 매달 들어오는 월급으로 지수를 매수했다. 그리고 지금은 지수가 크게 회복되어 수익을 주고 있다.

다만 내가 이번 하락장에서 크게 마음고생을 한 것은 나의 욕심의 결과물인 선물계약 때문이었다. 하지만 기간을 길게 사 둔 덕에 시장의 회복을 타고 수익을 보고 팔 수 있었다. 그리고 선물처럼 변동성이 큰 시장에서는 초심을 지키기 어렵다는 원칙을 세웠다. 파생상품은 원수에게나 알려 주라는 말이 왜 나왔는지 뼈저리게 느낀 경험이었다.

직장인의 빈부격차는 결국 투자 지식에서 갈린다. 월급의 차이로 갈리는 것이 아니다. 그런 만큼 최대한 빨리 내게 주어진 월급으로 투자를 시작하는 것이 중요하다. 카드로 명품 백을 사기 전에, 할부로 자동차를 사기 전에 월급으로 주식투자를 시작하자. 그렇게 투자 지식을 쌓아 빚으로 무장한 가짜 사치가 아닌, 진정한 여유를 만끽하자.

04

나는 주식투자로
매달 월급을 한 번 더 받는다

우리나라 대부분의 직장인들은 임금을 월급으로 받는다. 한 달에 한 번 돌아오는 월급날을 손꼽아 기다린다. 월급날이 오기 전 통장이 텅텅 비어 버린 직장인들은 한 번쯤 월급고개를 겪어 봤을 것이다. 옛날에는 추수 후 먹을 것이 부족한 시기를 보릿고개라 했다. 하지만 직장인에게는 돈을 다 써 버린 월급 전날이 월급고개가 아니겠는가.

월급은 한 달에 한 번 받아야 한다는 고정관념을 깨 준 것이 보험수당이다. 우리 회사는 입사하고 나서 3개월이 지나면 보험을 파는 모집인 자격시험을 본다. 그리고 그때부터 내가 판 보험에 대한 수당을 매달 15일에 지급해 준다. 월급날이 20일인 것을 감안했을 때 가장 기근인 날에 들어오는 것이다. 15일에는 마치 텅 빈 잔고에

단비가 내리는 것 같았다.

    연말 소득 정산을 할 때면 보험수당을 포함한 내 연봉은 같이 입사한 동기들보다 월등히 높았다. 똑같은 시간을 일해도 연봉이 1,000만 원 가까이 차이가 났다. 그것은 내가 보험을 팔았기 때문에 가능했다. 관심을 가지고 공부하고 꾸준히 영업했기 때문에 가능했다. 처음 보험교육을 받고 나는 나와 가족의 보험부터 설계했다. 그리고 실적 때문이 아니라 정말 필요하다고 느낀 보험 상품에 가입했다. 그리고 똑같은 보험을 고객들에게 권했다. 그렇게 실적을 계속 올리다 보니 보험수당도 자연스럽게 늘어났다.

    금융회사인 직장에 다니다 보니 월급 외 수당으로 받을 수 있는 것들이 있다. 신용카드를 팔아도 수당이 나온다. 나는 신용카드보다는 체크카드를 쓴다. 때문에 고객들에게도 잘 권하지 않게 되어 카드 실적은 항상 저조하다. 무엇이든 나 스스로 납득이 가야 말을 할 수 있었다. 영업에 진심이 느껴지지 않으면 고객들도 다 안다.

    나는 지수투자로 꾸준히 월급 외의 급여를 또 받고 있다. 지수투자의 중심을 잡은 후의 첫 달 수익은 27만 원이었다. 그리고 다음 달에는 158만 원, 그다음 달에는 79만 원…. 비중 조절에 따라 수익이 많은 달도 있고 적은 달도 있었지만 매달 수익을 올렸다. 그해의 수익을 결산해 보니 1,500만 원이 넘었다. 작년 한 해에는 미중 무역 분쟁이 있어 700만 원 정도의 수익을 올렸다. 욕심 부리지 않고 선물을 건들지 않았다면 훨씬 더 큰 수익이 났을 것이다. 하지만 깨달은 바가 크니 값진 경험이었다.

매달 비중 조절을 적절히 해야 한다. 비중 대비 초과 수익이 나는 달에는 월급이 한 번 더 들어오게 된다. 큰 흐름은 변하지 않았는데 단기적 변동으로 지수가 떨어져 하락하는 시기가 있다. 그때는 저가 매수의 기회라고 생각하고 하던 대로 매수한다. 이번처럼 트럼프발 미중 무역전쟁의 경우 몇 개월을 끌고 가는 문제였다. 때문에 중간에 현금을 확보하며 쉬어 주어도 된다. 그래야 스트레스 받지 않고 투자할 수 있다.

우리가 그동안 익숙해져서 사실이라고 믿었던 생각이 실제로는 우리를 옭아매는 경우가 많다. 그동안 나는 노동으로만 돈을 벌 수 있다고 생각했다. 그리고 그것이 옳다고 생각했다. 하지만 세상의 절반의 부는 자본에 의해 파생되는 부였다. 먼저 깨달은 사람들은 자본을 이용해 계속 부를 늘려갔다.

주식투자를 하기 전까지 나는 금리가 올라가면 가계 부채가 커져 큰일이 난다고만 생각했다. 인플레이션으로 자산의 가치가 대출 금리보다 빠르게 올라 자본증식이 커질 것이란 생각은 해 보지도 못했다. 특히 살아 있는 경제는 뉴스에서 계속 이야기하는 말과는 반대로 흘러갈 때가 많으니 참 아이러니하다.

내 지갑에는 만 원짜리 신권이 두 장 들어 있다. 우리 엄마가 힘들 때 나에게 주신 세뱃돈이다. 용비어천가가 새겨져 있는 지폐다. "뿌리가 깊은 나무는 바람에 흔들리지 않으니 꽃 좋고 열매가 많으니. 샘이 깊은 물은 가뭄에 끊이지 않으니 시내를 이루고 바다로 가나니." 조선왕조의 정통성과 영원성을 표현한 이 구절은 우리가 지금 살아가고 있는 현실에서도 교훈이 된다.

우리 아빠의 취미는 식물을 키우는 것이다. 그래서 부모님 집은 온통 나무들로 가득 차 있다. 아빠가 식물을 키우는 것을 좋아하시니 나도 분가해 나왔을 때 허브씨앗을 심어 키워 봤다. 그런데 이내 시들해지는 모습을 보고 아빠는 어떻게 그 많은 식물들을 생생하게 잘도 키우실까 궁금했다. 그래서 물어보았더니 첫마디가 집의 환기를 잘해야 한다는 것이었다. 식물들이 바람을 맞아야 한다는 것은 생각하지 못했다. 볕이 잘 드는 베란다에 두고 물만 주면 되는 줄 알았다.

식물은 통풍을 시켜 주어야 뿌리가 튼튼해진다. 물을 주면 흙이 계속 젖어 있어 흙에 곰팡이가 쉽게 생기고 뿌리가 썩는다. 우리는 자주 인생의 바람에 부딪힌다. 그리고 그것이 마치 큰 벽처럼 느껴질 때가 있다. 그때마다 나는 튼튼한 뿌리를 위해서는 바람이 필요하다는 사실을 생각한다. 미국에 가서 영어가 두려워 현지인들과 말을 하지 못했을 때, 영어는 나에게 벽이었다. 하지만 지금은 두렵지 않다. 내가 그 벽을 넘었을 때 상상한 것 이상으로 많은 것을 얻을 수 있었다.

뿌리를 튼튼히 하는 것. 그리고 그로 인해 좋은 열매를 맺는 것. 주식투자도 그렇게 하면 된다. 원칙을 세우고 투자하면 된다. 시련이 오면 무엇이 정말 지켜야 할 원칙인지 알게 된다. 꾸준히 월급에서 일정 비율을 투자하며 관심을 가져라. 식물도 좋은 말을 해 주면 잘 자라고 나쁜 말을 하면 시든다고 한다. 내 주식 잔고에도 계속 긍정확언이 필요하다.

매달 회사에서 월급을 받는 것은 내가 회사에 매일 출근했기 때문이다. 그리고 근무시간 동안 주어진 일정량의 일을 해 주었기 때문이다. 시간은 24시간 모두에게 주어진다. 그리고 직장인은 그것을 노동의 대가와 바꾼다. 그 안에서 가장 중요한 젊은 날을 보낸다.

우리는 그 시간을 잘 활용해야 한다. 매달 꾸준히 뿌릴 수 있는 씨앗을 얻을 수 있을 때 잘 심어서 키워야 한다. 씨앗에만 만족하면 더 좋은 꽃과 열매를 누릴 수 없다. 매달 한 번 들어오는 월급에 만족하지 말고, 두 번 세 번 월급을 받을 수 있는 시스템을 만들어라. 그럼에도 불구하고 내가 지금껏 해 오던 방식이 아니니 불가능하다고 생각한다면 그걸로 끝이다.

누구에게나 처음은 있다. 주식투자를 처음 시작할 때 나는 이리 흔들리고 저리 흔들리는 씨앗을 하나 심었다. 그리고 거친 바람에도 쓰러뜨리지 않고 계속 키워 왔다. 매달 들어오는 월급으로 계속 멈추지 않고 투자했다. 그리고 씨앗을 뿌려서 얻은 과실로 수익을 현실화시켰다. 그 과정에 정말 어려운 시기도 있었고 행복한 시기도 있었다.

하지만 어느 순간에 포기하지 않고 계속했기 때문에 그 모든 것이 가능했다. 농부들은 재해가 오면 힘들게 키운 농산물에 막대한 손해를 입는다. 그래도 다음 해에 다시 농사를 짓는다. 외부에서 오는 시련을 우리가 막을 수는 없다. 다만 그 시련에도 포기하지 않고 튼튼한 뿌리를 만드는 노력을 할 수는 있다.

주식투자로 매달 월급을 한 번 더 받자. 돈이 없다고 미루지 말고 소액이라도 월급에서 떼어 내 시작해야 한다. 자본소득의 증가 속도는 노동소득의 증가 속도보다 훨씬 빠르다. 그러니 투자를 시작하는 시기는 빠르면 빠를수록 좋다. 누군가는 자본을 굴려 계속 더 큰 자본을 이루고 있다. 그럼에도 불구하고 현실을 무시한 채 스스로의 한계를 컵 높이에 맞춰 버린 벼룩처럼 살지 말길 바란다.

05

내 자본이
나 대신 일하게 하라

나는 인터넷에서 '불로소득'을 검색해 보고 깜짝 놀랐다. 아직도 많은 기사와 블로그 글들이 불로소득에 대해 굉장히 부정적으로 말하고 있었기 때문이다. 불로소득을 얻은 사람들을 일반화해 도둑질한 것과 같다고 매도하는 모습을 보았다.

욜로 족들이 명품가방을 사고, 맛집에 다니며 월급을 다 쓸 때 나는 한 푼 두 푼씩 모아 저축하고, 주식을 산다. 그렇게 얻은 수익을 불로소득이라면서 도둑질한 것과 같다고 하니 마음이 정말 아프다. 그렇지만 나의 과거를 보니 그 글들이 이해가 갔다.

우리 아버지는 아침밥을 같이 먹을 때면 "일하지 않는 자는 먹지도 마라."라는 말을 하셨다. 나는 그 말을 들으면서 자랐다. 때문에 으레 노동으로만 먹고살 수 있다고 생각했다. 한 번도 일하지 않는데도 돈을 벌 수 있다는 생각은 못했다. 오히려 그런 수익은 왜인지 나쁜 것처럼 여겨졌다.

내가 이룬 자산은 결국 나의 노동소득을 모아 축적한 것이다. 그 생산 파이프라인을 나는 주식으로 만든 것이다. 주식으로 추후에 돌아올 수익을 생각하며 나는 아껴서 생활한다. 그리고 회사생활을 하면서도 시간이 날 때마다 주식공부를 한다.

다른 사람들이 아무 생각 없이 TV만 보며 세월을 보낼 때 나는 주식에 대해 하나라도 더 알기 위해 책을 편다. 동료들이 회사가 끝나고 끼리끼리 어울려 술 마시며 노래방에 갈 때 나는 집에 돌아와 노트북을 켠다. 그리고 오늘 하루도 내 꿈을 이뤄 줄 주식투자를 하고 있음에 감사한다. 오늘의 내 노력과 투자가 나의 자본이 나를 위해 일하는 날을 만들어 줄 것이기 때문이다.

노는 것, TV 보는 것, 동료들과 어울리는 것 모두 다 즐겁다. 그런데 왜 맨날 똑같은 일상이 반복되는지 답답했다. 그 순간 잠시 잊었던 현실은 다시 한숨으로 돌아온다. 지금 이대로 일하면서 받은 월급으로, 빚을 더해 내 집을 사면 좀 나아질까. 그래서 집값이 올라가면 정말 내가 일하고 싶을 때만 일하고, 좋아하는 사람들만 만나며 살 수 있을까.

나는 아무리 노동을 해도 나아지지 않는 현실에 의문을 가지면서 자본의 힘을 알았다. 분명 우리 아버지는 직장에 있는 게 제일

편하고 행복하다고 하셨다. 그런데 왜 일 끝나고 술만 먹으면 미래를 걱정하시는지 알 것 같았다. 회사생활을 해 보니 내가 돈을 벌어 가족들에게 도움이 된다는 것은 정말 가치가 있었다. 그리고 그것으로 버틸 수도 있었다. 그런데 점점 나는 사라졌다. 나라는 사람은 도대체 어디에 있는 것인지 일하는 기계만 남아 있었다.

5년 동안 회사에 열정을 쏟으며 나는 계속 인정을 받고 싶어 했다. 위에서 계속 나를 필요로 하고 무엇이든 잘하는 직원으로 봐주길 바랐다. 능력 있는 직장인. 지금 생각해 보니 당시에는 그게 내 목표였다.

그래서 직장에서 할 수 있는 일은 모두 다 끌어안고 있었다. 이일도 저 일도 다 내가 하면 인정받지 않을까 싶었다. 회사에서 가장 필요로 하는 직원이 되어야겠다는 마음이었다. 그런데 5년 동안 내 급수와 비슷한 동료들이 절반이나 나갔다. 그리고 내가 믿고 싶었던 것보다 내 자리는 훨씬 손쉽게 교체가 가능한 자리라는 것을 깨달았다.

포털사이트에 사라질 직업 순위 상위권에 있는 것만 보아도 알 수 있었다. 나는 아 그래도 내가 하면 다르겠지, 라고 착각하며 살았다. 나에게는 나라는 사람이 가장 특별한 존재일지 모른다. 하지만 회사에서는 그저 없으면 새로운 인력이 구해질 잠시 동안만 불편할 존재였을 뿐이다.

회사는 내가 당장 살아갈 소득을 안정적으로 제공해 준다. 그리고 나는 그것을 위해 시간을 바친다. 급할 때는 건강보다도 일이 먼저일 때도 있다. 나보다 회사를 먼저 생각하고, 회사가 주는 월급에 만족하며 살라고 직장이라는 환경은 계속 요구한다. 회사 사람들도 가족들도 그것이 인생이라고 했다.

퇴근 후 아파트 복도에서 불빛들을 본다. 그리고 나는 왜 살고 있는지 생각한다. 그 순간 내가 정말 원하는 인생은 내 주변 사람들이 주야장천 말하는 그런 삶이 아니라는 걸 안다. 다들 그렇게 사니까 나 또한 그렇게 살아야 한다는 건 싫다. 그래서 바꾸고 싶다. 사는 대로 생각하고 싶지 않다. 내가 꿈꾸는 것과 바라는 이상을 현실로 나타나게 할 것이다.

그래서 직장에 다니며 안정적인 수입이 있을 때 도전해야 했다. 지금 내가 하고 있는 것에 확신을 가지고 포기만 하지 않는다면 나는 나에게 현실에 안주하라고 말했던 사람들보다 훨씬 더 빨리 은퇴할 것이다. 직장이 더 이상 나를 필요로 하지 않을 때가 아니라 내가 더 이상 직장을 필요로 하지 않는 시기가 더 빨리 올 것이다.

업무를 하고 있는데 직장 상사가 뉴스를 보더니 갑자기 말했다.

"너희들은 복 받은 줄 알아. 남들은 저렇게 취업이 안 된다는데 이렇게 좋은 직장에 다니고 있잖아."

그런데 아무도 거기에 대답하지 않고 본인 일만 했다. 다들 속으로는 비슷한 생각을 했을 것이다.

'그래, 이 정도면 만족해야지. 그런데 왜 행복하지도 않고 힘만 들지. 집에나 가고 싶다…'

대학을 가라고 해서 가고, 회사에 들어가라 해서 들어간 직장인들은 모두 비슷할 것이다. '나는 정말 이 직장이 아니면 안 돼. 이곳이 나의 꿈의 직장이야'라고 하는 사람들은 아닐 수도 있다. 천직을 가진 사람들은 열정도 넘치고 최고의 삶을 산다. 누가 뭐라고 해도 그들은 자신의 꿈을 직장으로 가졌으니 행복한 사람들이다.

나의 주된 관심사는 자유를 얻는 것이다. 마음껏 점심시간을 쓸 수 있는 자유. 쉬고 싶을 때 쉴 수 있는 자유. 지금 당장 내가 하고 싶은 일을 먼저 할 수 있는 자유. 출근하고 싶을 때 출근하고 퇴근하고 싶을 때 퇴근할 수 있는 자유. 나열하라면 끝도 없다. 모두 직장에 다니면서 억압당했던 것들을 말하면 된다.

돈으로는 행복을 살 수 없다고 한다. 나는 돈으로 자유를 얻고, 자유는 행복을 준다고 믿는다. 적어도 내가 본 자수성가한 부자들은 그랬다. 그들은 젊었을 때 얻은 경험과 노하우로 도전해 얻은 수익으로 자산을 이룬다. 그리고 그 자산으로 지금도 여유로운 생활을 한다.

성공하고 싶다면 성공한 사람들을 비슷하게 따라 하면 된다. 그 사람이 성공한 데는 무엇이든 단 하나의 이유라도 있을 것이다. 그렇기 때문에 서점에서는 자기계발서들이 매년 베스트셀러를 차지한다. 나 또한 자기계발서를 가장 좋아한다. 타인의 성공스토리를 읽을 때마다 가슴이 뛴다.

그중 자본을 공부하는 것은 참 흥미롭다. 배움을 실생활에서 쓰지 못하면 아무 쓸모가 없다고 하는 것이 실학 정신이다. 나는 그 정신으로 주식을 공부하며 실제로 투자해 보았다. 그래서 더 재미가 있었다. 나는 예전과 똑같이 창구에서 고객을 응대하느라 시간이 언제 그렇게 갔는지도 모를 정도다. 하지만 투자해 둔 내 자본은 나보다 더 효율적으로 일했는지 기쁨이 되는 수익을 안겨 주었다.

자본소득을 계속 얻을 수 있는 힘을 기르고, 관리를 통해 자산을 계속 축적할 수 있다는 것은 굉장한 일이다. 더 이상 내가 내 노동에만 의지해 불안하게 미래를 준비하지 않아도 되기 때문이다. 언제 직장에서 나갈지도 모르고, 갑작스럽게 일하지 못하는 순간에도 자본 시스템이 나를 위해 계속 일하고 있을 테니까 말이다.

주위의 평범한 사람들의 말만 듣고 주저하지 말고 월급의 작은 부분이라도 직접 도전해 보아야 한다. 한 살이라도 어릴 때 내 자본이 나를 위해 일하게 만들어라.

06

돈으로
자유를 살 수 있다

결혼하고 가장 기대하고 꿈꾸었던 신혼여행을 호주로 갔다. 처음 도착한 도시는 휴양지인 골드코스트였다. 그곳에서는 모든 사람들이 여유로워 보였다. 내가 원하던 바로 호주의 그 모습이었다. 하지만 그다음 호주의 대표 도시 시드니에 갔을 때 나는 굉장히 실망했다. 내가 상상하던 모습과는 많이 달랐기 때문이다. 시드니에는 내가 평소 회사를 다닐 때와 비슷한 표정의 사람들이 걸어 다니고 있었다. 분명 TV나 책에서 본 호주의 모습은 대자연과 함께 여유롭게 사는 사람들의 모습이었다. 그 모습은 온데간데없고, 신혼여행을 온 우리만 배낭을 메고 한가히 지하철역에 앉아 있었다. 검은색 정장을 입은 많은 호주 사람들의 지친 표정을 보면서.

전 세계 현대인들은 같은 생활을 하고 있다. 기업은 국민들을 노동자로 만들었다. 무엇을 위해 일하는지도 모르는 기계의 부품처럼 사람들의 인생도 모두 획일화시켰다. 기업이 주는 월급만으로 가정을 꾸려 가도록 만들었다. 그리고 마치 그게 최고의 방법인 것처럼 이야기한다.

전문직도 너 나 할 것 없이 노후를 걱정하는 시대다. 자본이 더 빠르게 증식하는 시대에 부의 양극화는 더 크게 벌어진다. 전문성을 인정받아 더 많은 월급을 받더라도 노동에 기초한 수익에는 한계가 있게 마련이다. 기본적으로 내 시간을 돈으로 바꾸는 것이기 때문이다. 하지만 자본으로 자본을 버는 주식과 같은 파이프라인은 내 시간을 돈으로 바꾸는 것과는 다른 부의 창출 방법이다. 내가 시간을 들이지 않아도 이미 구축해 놓은 자본이 나에게 수익을 가져다주는 것이다. 그래서 이건희 회장이 병원에 누워서도 가장 큰 주식 소득을 얻었다는 뉴스 기사가 나오는 것이다.

돈이 많아도 행복할 수 없다는 것은 가난한 자의 사고다. 가난한 사람들의 의식은 계속 가난을 부른다. 그들은 직장에서 막연하게 내년에는 월급이 좀 오르겠지 생각하며 산다. 스스로 개선하려는 의지가 없으면 미래는 희망이 아닌 절망이다. 프랑스 소설가 폴 브루제가 1914년에 말했다. "생각대로 살지 않으면 사는 대로 생각하게 된다."라고. 자신만의 기준이 없는 사람은 쉽게 흔들린다. 목표와 꿈이 없이 남들이 좋다고 하는 것만 쫓아다니며 안도하는 것이다. 그러니 쉽게 고난에 무너지고 우울해진다.

우리는 역경을 딛고 성공한 사람들의 이야기에 동기부여를 받는다. 지금의 내 상황보다 더 암울한 환경 속에서도 지금의 큰 성공을 이룬 사람들 이야기가 마음을 울리는 것이다. 취업 준비생일 때 나는 니체의 책을 읽고 새롭게 깨닫게 된 관점이 있다. 부모님이 없는 누군가는 자신의 불행한 인생을 탓하며 범죄를 저질러 교도소에 갈 수도 있다. 하지만 같은 상황에서도 스스로 인생을 개척해 꿈을 이룬 사람도 있다. 불행도 내가 선택한 것이고 꿈과 목표도 내가 선택한 것이다. 우리는 모두 자신이 선택한 삶을 산다는 것이다.

실존주의에서는 우리가 무엇인지 정해지기 전부터 이미 존재했다고 본다. 우리가 무엇인지는 우리의 선택으로 만들어 간다는 것이다. 나는 한 번도 불행을 내가 선택한 것이라는 생각을 해 본 적이 없었다. 그래서 작은 고난이 와도 환경을 탓했다. 왜 이렇게 시간이 없지. 지금 당장 사야 문제가 해결되는데 왜 돈이 없지. 나에게만 왜 이런 시련이 닥쳤을까. 그렇게 하는 시간 탓, 남 탓, 환경 탓은 전혀 인생에 도움이 되지 않았다.

스스로 부자가 된 사람들 중에는 굉장히 크고 담대한 의식을 가지고 있는 사람들이 많다. 이루고 싶은 목표가 생겼을 때 누구에게나 시련은 찾아온다. 새로운 것에 도전했기 때문에 힘든 일이 생기는 것은 당연하다. 그 순간을 탓하지 않고 목표를 향해 자신이 원하는 모습을 선택한 사람들에게는 성공과 함께 자연스럽게 돈이 좇아온다. 그들은 강한 자기의식으로 성공하는 습관을 만든다. 돈에 얽매여 있는 사람들보다 더 많은 시간과 행복을 누린다. 자본주의 사회에서는 자본이 많을수록 자신이 하고 싶은 일을 하며 살 수 있기 때문이다.

사람들이 불행을 느끼는 순간은 자신의 자유가 억압될 때다. 그래서 역사적으로 우리의 선조들은 목숨을 걸고 노예제도와 싸웠다. 민주주의를 위해 싸워 온 것이다. 자유란 무엇인가. 나는 자유로운가. 왜 자유를 구해야 하나. 일상을 살다가 문득 이런 질문들이 떠오른다. 도스토예프스키는 결국 우리가 성공하고자 하는 이유는 존재감 때문이라고 한다. 돈이 많을수록, 명성과 권력이 높아질수록 존재감이 커진다. 그리고 그 존재감이 우리에게 자유를 느끼게 해 준다.

인생의 많은 아픔들이 돈 때문에 생긴다. 생활고와 경제난은 사람을 피폐하게 만든다. 가난은 우리의 존재감과 자유를 빼앗는다. 신체적, 정신적으로 힘들게 하면서 우리의 인생과 관계에 모두 악영향을 준다.

1946년에 나온 흑백 영화 〈멋진 인생〉을 보면서 나는 금융업에서 일하는 나의 비전을 새롭게 가졌다. 영화의 주인공 조지는 아버지에게서 작은 마을의 은행을 물려받는다. 하지만 마을에 들어선 대형은행 사장인 포터는 거대 자본으로 마을의 금융업을 독차지하기 위해 조지를 위험에 빠뜨린다. 대량 인출 사태로 은행이 파산 위기에 처하자 조지는 자살하려 한다. 하지만 자신이 없는 마을의 미래가 눈앞에 펼쳐진다. 마을에서 성실하게 작은 가게를 운영하던 자영업자들이 망하고 대부분의 마을 사람들이 가난으로 삶이 피폐해지는 장면이다. 조지는 정신을 차린다. 그러곤 마을의 소금융을 지켜 낸다. 마을 사람들은 조지의 안정적인 금융을 이용해 사업을 하고 자신의 삶을 더 풍족하게 살아간다.

은행에서 일하는 나도 처음에는 대출에 대해 안 좋은 인식이 있었다. 하지만 사업이나 자신의 발전을 위해 쓰는 돈은 내 삶을 더 빠르게 발전시켜 주는 레버리지가 된다. 과도한 대출이나 소비를 위한 대출이 아닌, 성장을 위한 발판으로 금융을 이용하면 되는 것이다.

책을 써서 작가가 된다는 것은 보통 사람들은 잘 생각하지 못한다. 나는 〈한책협〉의 김태광 대표 코치를 통해 책 쓰기를 배웠다. 23년 동안 200여 권의 저서를 낸 그는 생업을 이어 가기 힘든 상황에서도 꾸준히 책을 썼다. 그에게서 책 쓰기 방법을 배우기 위해 나는 기꺼이 돈을 지불했다. 그리고 나는 주식에 투자한 금액을 빼는 것보다 대출을 받는 것이 더 유리하다는 판단을 했다. 대출을 받아 수업비를 내고 7주 〈책 쓰기 과정〉을 수료하자 내 인생의 책이 공동저서와 함께 2권이나 발간되었다. 나의 판단은 옳았다. 신용대출

금리는 4%대였지만 내 주식은 불과 몇 달 만에 비교가 안 되는 수익을 나에게 가져다주었기 때문이다.

수업을 듣기 몇 달 전 나는 보물지도를 만들었다. 되고 싶은 이미지와 메시지를 적어 둔 코르크 보드판이다. 거실의 가장 잘 보이는 곳에 붙여 두고 보면서 나는 내 꿈을 실현한다. 그곳에 나는 금융교육 책을 집필해 베스트셀러 작가가 되겠다는 목표를 적었다. 살면서 한 번도 꿈꾸지 않았던 목표였다. 보물지도를 만들면서 생각이 난 것이었다. 그런데 그 목표가 이렇게 빨리 이루어질 수 있었던 것은 내가 다른 사람이 닦아 놓은 부의 추월차선을 탔기 때문이다. 돈을 아끼려고 혼자서 책을 썼다면 절대 있을 수 없는 일이다.

나는 행복도 긍정적인 마인드도 유지하면서 살기 위해서는 돈이 꼭 필수라고 생각한다. 왜 사람들은 돈이 좋다고 하면 마치 그 사람이 잘못된 양 쳐다보는 것일까. 속으로는 본인도 돈을 좋아하면서 겉으로 아닌 척하는 사람들은 절대 돈을 벌 수 없다. 세상에 널린 게 돈이고 그 돈을 제대로 활용하는 사람은 돈의 가치를 부정하지 않는다. 행복하고 자유롭고 싶다면 지금부터 돈을 사랑해야 한다. 나는 어려서부터 신권을 세뱃돈으로 받으면 집에 있는 백과사전에 끼워 두었다. 곧게 펴져 있는 소중한 돈을 절대 구기고 싶지 않았다.

우리는 돈을 너무나 막 대하고 있다. 나는 매일 은행에서 일하면서 돈을 수도 없이 센다. 그중에 찢어진 돈, 글씨가 적혀 있는 돈, 기름이 묻은 돈, 누군가 낙서를 한 돈 등 더럽혀진 돈을 본다. 오래 써서 낡은 돈을 말하는 것이 아니다. 누군가 의도적으로 훼손한 것들이다. 돈을 소중히 여길 줄 모르는 사람들 때문에 훼손된 것이다.

물론 종이에 불과한 돈을 아무렇지 않게 여길 수도 있다. 하지만 나는 그렇게 돈을 막 대하는 사람은 부자가 되기 어렵다고 생각한다. 돈에 대한 마인드가 보이기 때문이다. 나는 아무렇게나 접힌 돈을 펴서 다시 그 돈들이 제 역할을 하기 바라며 빳빳한 지폐들과 함께 잘 묶어 둔다. 그리고 그 돈들은 계속 어딘가로, 누군가에게로 갈 것이다. 소중한 자녀의 크리스마스 선물을 살 돈이 될 수도 있고, 누군가의 보금자리를 지켜 줄 월세가 될 수도 있다.

돈을 다루는 것은 생활방식이다. 대부분의 사람들이 그것을 모르고 산다. 그래서 자신의 돈을 제대로 다루지 못하고 있다. 나는 돈을 관리하는 데 있어서 어려움을 겪는 사람들을 돕고 있다. 돈에 대한 가치관을 재정립하고 올바르게 활용하는 법을 알고 싶다면 010 3667 3885로 연락해 도움을 구해도 좋다. 돈은 자유를 살 수 있게 해 주고, 자유는 행복을 준다는 사실을 깨닫게 될 것이다.

07

금융을 이해하면
부의 추월차선을 탈 수 있다

명절이 되어 친척들이 모두 모였다. 우리 엄마는 아홉 남매다. 외할아버지 댁에 자주 모여 나는 어려서부터 친척 동생들과 함께 자랐다. 이번 명절에는 친척 동생들이 함께 블루마블 게임을 하고 있었다. 동생들이 부자 마인드를 키워 주는 게임을 한다는 게 신나서 나는 설명해 줬다.

"이 게임은 부자가 어떻게 탄생하는지 명확히 보여 주는 게임이야. 누가 더 많은 땅의 건물을 차지하고, 판을 빨리 돌아 돈을 많이 버는지에 따라 승패가 결정돼."

큰 아이들 넷이서 블루마블을 하는 것을 보며 나는 나도 모르게 계속 금융과 경제, 돈 이야기를 하고 있었다. 물론 동생들은 신경도 안 쓰고 게임에 집중하며 놀기 바빴다. 그래도 게임으로 자연스럽게 경제를 배우고 있는 동생들을 보니 즐거웠다.

그때 고등학생이 된 친척 동생이 나에게 다가왔다. 어렸을 때는 밝고 명랑했지만 중학교에 가면서 우울해했던 동생이었다. 그런데 이번에는 정말 확연하게 달라진 모습이었다.

"누나, 이거 봐봐. 우리 종례 시간에 크리스마스 잘 보내라고 소리치면서 인사하는 동영상이야. 여기서 나 찾아봐."

"(아무리 봐도 못 찾겠다는 표정으로) 어디 있는지 안 보인다. 이거 너 아니야?"

"내가 안경 쓰면 이미지가 좀 다르긴 하지. 봐봐! 여기 제일 빛이 나는 사람이 나야!"

친척들은 모두 웃으면서 아이의 달라진 모습을 반겼다. 부모님의 이별이라는 아픔을 겪으면서 말 한마디 하지 않던 아이가 이제는 누구보다 당당하게 자신의 목소리를 내고 있었다.

나는 동생의 높아진 자존감에 감탄했다. 우리는 꿈에 대해 얘기를 나눴다. 그리고 내가 주식에 대해 이야기하자 동생은 바로 "그건 도박이잖아! 어른들이 그걸 하면 패가망신한다고 했어."라고 부정적인 인식을 쏟아 냈다. 그렇다. 자라나는 아이들부터 성인들까지 주식은 위험한 자산이라는 생각이 깊다.

동생에게 나는 돈이 뭐라고 생각하느냐고 물었다. 동생에게서는 이내 벌기 힘든 것이라는 대답이 나왔다. 이모는 작은 회사의 경리 일을 하며 동생들을 키웠다. 동생이 생각하기에 돈은 벌기 어려운 것일 수밖에 없다. 경찰이 꿈인 동생에게 나는 자신이 정말로 원하는 꿈과 목표는 반드시 현실로 드러난다고 조언해 줬다. 그리고 돈에 대한 동생의 인식을 긍정적으로 바꿔 주기 위해 내가 얼마나 돈을 좋아하는지 이야기했다.

장학금을 타서 외할아버지 생신잔치를 해 드렸던 것, 어렸을 적부터 받은 세뱃돈을 구기지 않기 위해 백과사전에 고이 끼워 두었던 것, 그리고 주식을 하며 번 수익으로 더 나은 삶을 살고 있는 모습들 등을 생각나는 대로 이야기했다. 돈이 주는 기회와 돈을 생각하는 마인드가 삶에 그대로 나타난다는 것을 알려 주고 싶었다.

학교에서나 가정에서 아이들에게 돈에 대해 의식적으로 가르쳐 주는 사람은 별로 없다. 우리나라에서 돈에 대한 교육은 용돈 교육 정도가 전부다. 그런데 정말 아이러니하게도 나는 성인이 되면서부터 계속 돈 문제와 부닥치며 살았다.

대학교 1학년 때 기숙사에서 살면서 하루는 아침에 배가 정말 고팠다. 그런데 결제를 하려고 보니 체크카드에 돈이 없었다. 그래서 기숙사 방에 있는 옷의 모든 주머니를 뒤졌다. 하지만 나온 건 동전 몇 개가 전부였다. 삼각 김밥을 사 먹을 돈도 남아 있지 않던 것이다. 그동안 집에서 엄마가 해 주던 음식만 먹고, 필요하면 용돈을 바로 탈 수 있었다. 때문에 돈을 잘 관리하며 생활해야 살 수 있는 환경이 아니었던 것이다.

그날 나는 배고픔을 참으며 생각했다. 부모님께 돈을 더 달라고 하면 이 문제는 해결할 수 있을 것이다. 하지만 만약 부모님이 나에게 용돈을 줄 수 없으면 어떻게 되는 걸까. 노동으로 돈을 벌려면 그만큼의 시간이 필요하고, 학업에 지장을 받을 것이다. 그리고 한 푼도 없는 상태에서 나는 굶주림도 견뎌야 한다. 배가 정말 고프면 염치없지만 친구들에게 얻어먹어야 할 상황도 벌어질 것이다.

내가 돈 관리를 제대로 하지 않은 것이 첫 번째 문제였다. 그리고 나는 돈에 무신경했다. 주머니에 아무렇게나 돈을 넣고 다녔었다. 그것은 이내 문제가 되어 나타났다.

중학교 자유학기제에 맞춰 회사에서는 금융교실을 매년 두 번 연다. 나는 금융교육 강사를 맡아 아이들에게 화폐의 역사, 금융의 개념, 금융기관과 직업, 미국의 기축달러까지 설명한다. 그리고 내가 금융업에 종사하게 된 스토리와 좋아하는 영화 〈멋진 인생〉을 이야기해 준다. 처음 직업체험 명분으로 학교에 가서 강의할 때는 금융에 대해 아이들이 질문을 많이 하거나 흥미로워하지 않을 것 같았다. 그런데 참관하는 선생님들도 놀랄 정도로 아이들은 집중해서 강의를 들었다. 그리고 질문도 끊이지 않았다.

왜 우리는 그동안 아이들에게 돈에 대해 생각해 볼 수 있는 충분한 시간을 주지 않은 것인지 궁금했다. 대중교통을 이용하려 해도 돈이 필요하다. 먹을 것을 사기 위해서도 돈이 필요하다. 물이나 전기를 쓰기 위해서도 돈이 필요하다. 나는 성인이 되고, 사회인이 되었다. 그리고 결혼을 했다. 그런데 매 순간 돈은 정말 필요했다. 그리고 어려서부터 박혀 있던, 돈으로 행복을 살 수는 없다. 돈을 너무 좋아하면 안 된다. 이런 말들이 자연스럽게 나에게 돈을 좋아하는 것은 숨겨야 할 태도로 여기게 했다.

인식이 생각을 만들고 생각이 행동을 하게 한다. 그렇기 때문에 교육은 정말 중요하다. 어려서부터 인식된 것이 자연스럽게 생각으로, 행동으로 나타난다. 자본주의 사회에서 돈에 대해 부정적인 인식을 가지게 하는 것은 아이들에게 가난한 마인드를 길러 주는 것이다. 물질만능주의나 돈으로 모든 것이 해결된다는 가르침을 주자는 것이 아니다. 생활에 있어 정말 필요한 것이고 제대로 인식해야 내 삶에 풍요가 넘칠 수 있다는 것을 알려 주고 싶은 것이다.

금융의 사전적 정의는 자금의 융통이다. 돈을 필요로 하는 사람에게 자금을 공급해 경제활동이 지속적으로 이루어지게 하는 것이다. 돈을 버는 사람은 약속한 이자를 받고 은행에 돈을 맡긴다. 그러면 돈이 필요한 사람이 와서 이자를 내고 돈을 빌려 간다. 수요자 입장에서는 내 집을 마련하거나, 사업을 하기 위해 자금을 빌려 간다. 내가 현재 가지고 있는 자원만으로는 부족하니 금융을 이용하는 것이다. 현대의 많은 사람들의 투기나 탐욕으로 금융의 순기능마저 부정되기도 한다. 하지만 그럴 때일수록 금융이 무엇인지 바르게 인식해야 한다.

금융의 어원인 라틴어 피니스(finis)는 목표를 의미한다. 경제 주체가 목표를 이루는 데 도움을 주는 도구라는 뜻이다. 로버트 쉴러는 "금융은 목표한 바를 현실로 이루어 나가는 과학이다."라고 정의했다. 월가의 대표적인 비관론자였던 예일대 교수 쉴러는 우리가 금융교육을 어떻게 해 나가야 하는지 방향을 제시해 주고 있다.

많은 사람들은 월가의 대형 투자회사들이 복잡한 파생상품으로 도박을 했다고 비판한다. 하지만 그는 금융은 여전히 좋은 사회를 만드는 데 기여할 수 있다고 단언한다. 우리가 금융자본주의 사회에 살고 있다는 점은 부인할 수 없다. 비판하는 사람 누구도 비금융자본주의 체제로 가야 한다고 말하지 않는다. 금융은 목표를 이루는 수단이지 돈 버는 기술이 아니다. 나는 여느 가난한 사람들처럼 금융세력을 비난하고 한탄하며 나 자신을 위로하고 싶지 않다.

내가 금융과 주식에 관심을 갖게 된 것은 회사에 취업한 후와 비슷한 시기였다. 금융을 이해하고 인식 자체가 달라지자 나에게 주식투자는 더 이상 친척 동생의 말처럼 패가망신의 길이 아니었다. 목표를 이루고자 도전하고 개혁하는 기업과 개인의 집합체였다. 그래서 주식시장은 생물처럼 움직인다. 그런 만큼 시장도 살아 내려고, 긍정적으로 변화하려고 한다. 그것은 사람들이 움직이는 시장이기 때문이다. 사람들의 심리가 담겨 있을 수밖에 없기 때문이다. 그런 만큼 우리는 주식투자를 통해 부의 추월차선을 탈 수 있다.

08

결혼 전에 꼭
주식투자를 시작하라

결혼하고 주식투자를 하기 위해서는 배우자가 동의해 주어야 한다. 하지만 상대방이 주식투자에 관해 부정적인 고정관념을 갖고 있다면 그것을 깨는 것은 힘들다. 부부 중에 한쪽만 투자를 원할 경우 양쪽 다 속상할 것이다. 금융과 경제에 관심이 많은 쪽은 자본소득을 이용해 빠른 부의 증식을 원할 것이다. 그렇지만 그렇지 않은 상대방은 주식은 위험하다며 불안해할 것이다. 스스로 납득하지 못한 채 배우자의 말만 믿고 돈을 맡길 사람은 흔하지 않다.

결혼하고 나서 투자를 시작하려고 하면 걸림돌이 많다. 제일 큰 산은 앞서 말했듯 배우자의 동의다. 또한 부부가 같이 살게 되면 생각보다 돈이 들어가는 부분이 많다. 비용도 늘고 내가 원하는 대로 자금 운용도 어려운 것이다.

주식투자를 막 시작하던 지인이 올해 결혼했다. 배우자는 주식투자를 허락해 주는 대신 정해진 금액을 넘지 말라고 했다. 하지만 지인은 한 번 주식을 사고 말 것이 아닌, 매달 일정액의 주식을 사고 싶어 했다. 그래서 매번 주식을 사고 싶은 시점마다 배우자를 설득했다. 그렇지만 그것이 안 되자 이내 투자를 그만둘 수밖에 없었다. 아내와 계속 말다툼을 벌이는 것이 싫다고 했다. 결혼하면 어느 한쪽만의 의지로 투자할 수는 없다.

나는 결혼 전에 주식을 시작했다. 연애하던 시기에도 주식 관련 이야기를 계속 남편과 나누었다. 그리고 남편은 그때부터 꾸준히 내 증권계좌에 수익이 들어오는 것을 보았다. 그래서 결혼 후에도 주식투자를 할 수 있었다. 만약 내가 결혼하고 돈 관리를 하면서 주식을 한다고 했다면 남편은 반대했을 것이다. 나도 남편의 거부를 설득하고 시작하기에는 확신이 없기 때문에 쉽게 단념했을 수도 있다.

남편과 나는 가치를 두는 것이 다르다. 나는 배우고 싶은 것이 많아 자기계발 비용이 많이 들어간다. 한 달에 책 구입비용, 학원비, 강습비로 몇십만 원대가 아닌 몇백만 원대를 지출해야 할 때가 있다. 그러기 위해 남편을 설득하는 데 애를 먹는다. 나는 내가 바라보는 비전을 남편이 이해해 주고 받아들여 주길 원했다. 결혼 전에는 나 자신에게 마음대로 투자하다가 이제는 배우자의 눈치도 봐야 하고 허락도 구해야 한다. 부부가 서로 가치를 판단하는 기준이 다르기 때문이다.

라이프 스타일이 다른 사람이 만나 함께 생활해야 하는 것이 결혼이다. 나는 스물일곱 살에 결혼했다. 지금까지는 남편과 크게 부딪치는 일 없이 잘 살고 있다. 우리가 신혼부터 지금까지 크게 싸우지 않을 수 있었던 것은 연애 때부터 서로 반말을 쓰지 않은 영향도 크다. 존댓말을 하면 서로 더 조심하게 되기 때문이다. 상처가 될 말은 한 번 더 생각하게 되기 때문이다 .

남편도 나도 서로 서운한 부분이나 말하고 싶은 부분이 있다. 그럴 때면 감정이 격할 때 이야기하기보다는 상대방에게 상처가 되지 않도록 전하기 위해 노력한다. 내가 우리 남편에게 가장 감사해하는 것이 있다. 그것은 내가 하는 모든 선택이 마음에 들지 않더라도 하고 싶은 대로 다 하게 해 준다는 것이다. 그리고 나중에 자신의 심정을 솔직하게 이야기해 준다.

나는 처음에 무엇에든 도전할 때 남편이 반대하지 않아 열정적으로 도전할 수 있다. 그리고 그 후에 걱정되는 부분들을 이야기해 주면 그때서야 '아, 남편은 나와 다르게 생각하고 있었구나' 하고 알게 된다. 하지만 내가 도전하는 그 순간에는 남편은 참고 말없이 지지해 준다. 나는 그것이 참 고맙다. 내가 도전하려고 할 때 반대에 부닥치게 되면 속상하고 또 쉽게 포기하게 되기 때문이다.

주식투자는 돈과 관련된 부분이라 더 예민할 수 있다. 부부가 함께 동의하에 투자하지 않으면 중간에 포기할 수도 있다. 아니면 아예 시도조차 못할 수도 있다. 그것도 아니라면 한쪽의 일방적인 투자로 부부 사이에 안 좋은 영향을 줄 수도 있다. 주식은 변동성이 있어, 확신이 있다면 손실인 기간에는 견딜 줄 알아야 한다. 하지만 배우자가 그때마다 불안해하고 손실을 탓하게 되면 평생 안정적으로 투자하는 기쁨은 알기 어렵다.

결혼 전 내가 번 월급을 아무에게도 터치 받지 않을 수 있을 때 주식을 시작해야 한다. 그래야 주식이 가지고 있는 힘을 믿고 갈 수 있다. 불안함과 두려움, 그저 주변에서 들은 안 좋은 이야기들로 굳어진 편견을 스스로 투자해 보면서 바꿀 수 있다.

우리가 그동안 들어 온 편견들과 사실은 차이가 있을 때가 많다. 부자들은 주식을 소유한다. 가난한 사람들 중에 주식을 가진 사람은 거의 없다. 주식이 주는 이점과 힘을 아는 사람들은 주식을 쉽게 팔지 않는다. 그럼에도 불구하고 도전하지 않는 것은 가난한 사람의 마인드를 가지고 있기 때문이다. 그 마인드를 부자 마인드로 계속 바꾸어야 한다. 평생 길들여진 마인드인 만큼 단호하고 집요하게 바꾸어야 한다.

나는 주식으로 수익을 냈을 때 기분이 좋아 가족들에게 이야기했다. 그러자 부모님이나 동생의 우려 섞인 조언이 날아들었다. "주식에 너무 빠지지 마라.", "그러다가 한 방에 가는 수 있어.", "주식은 도박이야." 주식 하는 것을 어떻게든 말리려는 말들이었다. 하지만 이는 가족들에게는 너무나 당연한 것이다. 막내 이모가 주식으로 돈을 크게 날렸고, 주변에 주식으로 돈을 번 사람이 없었으니 말이다.

그럼에도 불구하고 내가 꿋꿋이 주식투자를 할 수 있었던 이유가 있다. 내가 번 돈에 대한 가족들의 터치는 없었기 때문이다. 나는 매달 들어오는 월급을 순전히 내가 판단해 운용할 수 있었다. 그래서 가장 좋은 타이밍에 나는 주식투자를 시작했다. 사회초년생으로 스스로 돈을 벌고 있는 시기였기 때문이다. 뿐만 아니라 나는 돈 굴리는 법에 관심이 많았기 때문이다. 그리고 실패도 하고 성공도 하면서 어떤 방법이 가장 직장인에게 맞는 주식투자법인지 치열하게 공부하며 투자했다.

나는 지금 〈주식여신 김뮤TV〉를 통해 주식투자 정보를 유튜브에 업로드하고 있다. 그리고 게임을 좋아하는 남편은 자신의 아이디를 내 유튜브 닉네임으로 만들어 홍보해 주고 있다. 내가 주식을 하는 데 남편은 거부감이 전혀 없다. 우리 부부는 월급은 당연히 주식으로 굴려야 한다고 생각하고 있다. 결혼하면서 월급을 함께 공유하고 지출을 정리했다. 그러면서 그때 주식을 시작한다고 했으면 남편이 내 모든 실패까지 용납해 줄 수 있었을지 의문이다.

나는 많은 것을 바라지 않고 결혼했다. 그런데 기대한 것이 많이 없어서 그런지 내 결혼생활은 정말 행복하다. 소소한 일상적인 이야기를 해도 남편은 귀 기울여 들어 준다. 그리고 내가 좋아하는 특유의 유머로 나를 웃게 해 준다. 그렇게 매 순간을 공유하고 슬픔을 나눌 수 있는 반려자가 있다는 사실이 든든하다.

결혼하기 전에는 부모님 밑에서 한 가정을 이끌어야 한다는 책임감 없이 사랑만 받았다. 독립된 가정을 꾸리고 부부가 되어 산다는 것이 얼마나 많은 의무와 책임을 져야 하는 것인지 아무것도 모르고 시작했다.

그래서 처음에는 아파트 관리비와 같은 공과금을 내는 것, 집 밖으로 나갈 때 집을 점검하고 나가는 것 등이 모두 내 역할이 되었다는 것이 생소했다. 부모님이 해 주시던 모든 것들이 이제는 내가 당연히 해야 할 일이 된 것이다. 겨울에 수도가 터지고, 좁은 공동주차장에서 차가 여러 번 해를 입었다. 그럴 때마다 문제를 해결해야 하는 것은 나와 남편이었다. 우리는 부부가 되어 둘이 해결해 나가야 할 많은 생활 문제들에 부닥쳤다. 그럴 때마다 내가 믿을 수 있는 사람은 남편뿐이었다. 그리고 나 자신이었다.

많은 부부들이 돈 관련 문제 때문에 부부싸움을 하고 심각하게는 이혼까지 한다. 그렇기 때문에 부부 사이라도 돈 문제는 예민할수밖에 없다. 만약 사회초년생이고 아직 결혼하기 전이라면 반드시 지금 주식투자를 시작하라. 주식투자라는 도전을 하다 보면 수많은 장애물들을 만나게 된다. 하지만 그 장애물들을 넘어 자신만의 투자 원칙을 가지고 스스로 자본을 굴릴 수 있는 투자자가 되면 수월하게 부의 추월차선에 탈 수 있다.

주식투자 이렇게 쉬웠어?

초판 1쇄 인쇄 2019년 4월 19일
초판 1쇄 발행 2019년 4월 25일

지 은 이 김이슬
펴 낸 이 권동희
펴 낸 곳 위닝북스
기   획 김도사
책임편집 김진주
디 자 인 이선영
교정교열 우정민
마 케 팅 강동혁

출판등록 제312-2012-000040호
주   소 경기도 성남시 분당구 수내동 16-5 오너스타워 407호
전   화 070-4024-7286
이 메 일 no1_winningbooks@naver.com
홈페이지 www.wbooks.co.kr

ⓒ위닝북스(저자와 맺은 특약에 따라 검인을 생략합니다)
ISBN 979-11-6415-015-1 (13320)

이 도서의 국립중앙도서관 출판도서 목록(CIP)은 서지정보유통지원시스템
홈페이지(http://seoji.nl.go.kr)와 국가자료공동목록시스템(http://www.nl.go.
kr/kolisnet)에서 이용하실 수 있습니다.(CIP제어번호: CIP2019014148)

위닝북스는 독자 여러분의 책에 관한 아이디어와 원고 투고를 설레는
마음으로 기다리고 있습니다. 책으로 엮기를 원하는 아이디어가 있으신 분은
이메일 no1_winningbooks@naver.com으로 간단한 개요와 취지, 연락
처 등을 보내주세요. 망설이지 말고 문을 두드리세요. 꿈이 이루어집니다.

※ 책값은 뒤표지에 있습니다.
※ 잘못 만들어진 책은 구입하신 서점에서 교환해 드립니다.